CHOOSE CIVILITY

結局うまくいくのは、礼儀正しい人である

P・M・フォルニ
大森ひとみ 監修
上原裕美子 訳

Discover

はじめに

二十一世紀となった今、礼儀正しさとは、どういう意味を持つのでしょうか。
礼節とは、どのように身につければいいのでしょうか。
礼節によって、人生のクオリティはどのように上がるのでしょうか。
そもそも、友人や同僚、周囲の人に対して、どう振る舞うべきなのでしょうか。
いつどんなときでも礼儀正しくしなければならないのでしょうか。
無礼な態度をとられたときには、どう対応すればいいのでしょうか。
いったい礼節とは何でしょうか。

本書は、こうした疑問に答えるものです。
礼節について語るのは誇らしいことですが、同時に責任の重さを感じますし、勇気のいることでもあります。遠回しに「私は非の打ちどころのない礼儀正しい人間だ」などと言っているとも思われたくはありません。

哲学者のセネカは、彼が説く高尚な哲学と、彼自身の決して完璧とは言えない行動について、読者が矛盾を感じるのではないか、という懸念を持っていました。それに対する答えとして彼は「自分は美徳について書いているのであって、自分自身について書いているわけではない」と述べています。そして「不道徳を糾弾する際は、最初に自分自身の不徳を糾弾する」とも述べています。

私も、本書で書き、授業で教えているような礼節ある行動を実践しようと心がけていますが、セネカと同じく完璧な人間ではありません。至らぬところも多々あります。それでも本書を書いたのは**「礼節は人生のクオリティを高めるすばらしく効果的なツールだ」**という胸躍る気づきをお伝えし、共有したいと思ったからです。

多くの読者にとって、本書が提示するのは、わかりきった内容ばかりかもしれません。しかし、すでによく知っていること、もともと大事にしている考え方であっても、あらためて確認すれば、その規範を守ろうという意識が強くなります。わかっていることを再確認するのは、新しい視点を持つのと同じくらい重要なことなのです。

ページをめくっていくうちに、私が感じたのと同じ、胸躍る気づきの感覚を抱いていただけると思います。私も執筆しながら多くを学びました。執筆当初と今とでは、自分がちがう人間になったように感じています。

読書のなかには「考えるための読書」もあれば「頭をからっぽにするための読書」もあります。

後者の読書は楽しいですが、たいていの場合、遊園地の乗り物に乗ったときのように、読み終えたあとも最初と同じ場所に戻っています。課題が見つかることもなければ、自分が変わることもありません。

「考えるための読書」は努力が必要ですが、成長を促してくれます。本書も、ぜひ考えながら読んで、よい変化をもたらすためにお役立ていただきたいと思っています。

新しい家を買う前には、あらゆる細部を確認し、その家で暮らしたらどうなるか、じっくり雰囲気を味わうものです。壁の装飾に指をすべらせたり、手すりにさわってみたり、気に入った部屋を歩き回ってみることでしょう。幸せな人生をもたらす新しい家を歩き回るような気持ちで、この本の中をめぐってみていただきたいのです。

どうぞ、ゆっくり読んでください。ページを繰りながら、ただ想像するだけでなく、自分の体験として取り込み、実際に実践してみてください。

ルネッサンス期の絵画で本を読む人物の絵がありますが、あんなふうにしおりがわりに指をはさんだまま読書を中断して思いを馳せ、人生を新しい視点で見つめ直す——そんな読み方をしていただくのが理想です。

本書がそうした読み方をされるに値するものであることを祈りつつ。

結局うまくいくのは、礼儀正しい人である

目次

第1章
礼節——人生の質を高める技術

第2章 礼節のルール25

第3章 人はなぜ礼節を見失うのか？

第1章

礼節

人生の質を高める技術

他者とともによく生きるために

「人生には大切なものが三つある。
ひとつは、人に親切にすること。
もうひとつは、人に親切にすること。
そしてもうひとつは、人に親切にすること」

——ヘンリー・ジェイムズ（作家）

「私たちはヒーロー不在の時代をさまよっている。
信頼できるリーダーは見当たらず、
追いかけるヴィジョンも、貫く信念もない。
道徳は絶えず揺れ動き、誰もが自分のルールを作って、都合よく書きかえたりする。それが、現代の私たちの姿だ。
正しいことをなす勇気など、いったいどこで見つかるというのか」
――ジェイスン・ダーク（ピーター・ガドルの小説『長い雨』の主人公）

ピーター・ガドルの小説『長い雨』を読んで、この文章に出会ったのは、人々が新しい世紀の到来を祝おうとしていた頃のことでした。この文章は、当時の私たちの多くが抱いていた言い知れぬ不安感をみごとに表していました。

ガドルのメッセージは二十世紀の終わりについて書かれたものですが、新しい世紀が始まった今でも、変わらず的を射ています。

伝統的価値観が崩れたあと、新たな価値観を見つけるのは容易ではありません。自分はこの世界でよい市民といえるのかどうか、その判断基準をどこで探したらいいのか、私たちはわからずにいます。

それでも私たちは、何らかの原則に沿って、じゅうぶんな自信とともに、ときにものごとにYESと言い、ときにNOと言わなければなりません。現代の複雑さに立ち向かうために、私たちは原則を持たなければならないのです。

自分が正しい原則に沿っているかどうか、自分自身が価値ある人生を送れているのかどうかを計る〝ものさし〟とはなんでしょうか。それは〝日々、周囲の人々とどのように接しているのか〟つまり、他人に対する行動や態度が基準となるのではないか、と私は考えています。

周囲の人の人生から負担を減らせているなら、それはよい行いをしているということです。反対に、苦しみを増やしているとしたら、それはよい行いをしていないということです。単純ですが、筋の通った正しい原則と言えるのではないでしょうか。

人生は他者とのふれあいによって決まるもの——私はそう信じています。よい人間関係に恵まれれば、人生は輝きます。人間関係が損なわれると、人生も損なわれます。**幸せになりたいなら、他者とともによく生きる方法を学ばなければなりません。**そのカギを握るのが「礼節」なのです。

礼儀正しくしていれば、他者とうまくふれあうことができます。私たちは礼節ある生き方をすることによって、思慮深い心を育て、自己表現とコミュニケーションの力を伸ばし、さまざまな状況におだやかに対応できるようになります。

人はばらばらに孤立して存在しているのではなく、他者とのふれあいの中で生きるものです。ふれあいの中で自分のアイデンティティを認識します。生きるというのは、人とかかわっていくことなのです。

他人から「おまえは利用してもいい存在、ひどい仕打ちをしてもいい存在だ」という目で扱われると、自分自身を見る目に、そういう意識が入ってきてしまいます。

反対に、やさしさを持って扱われると、存在を認められていると感じます。やさしさに満ちた行いからは、とてもシンプルでパワフルなメッセージを感じることができるのです――私はひとりじゃない、私には価値がある、私の人生には意味がある、と。

人は人の中で生きることで磨かれる

私は長年、礼節をテーマにした講義やワークショップを行ってきました。ワークショップでは「礼節とは何を意味するか」について、参加者の考えを書いてもらうことがあります。これまでの主なものを挙げてみましょう。

・他人への敬意
・気くばり
・人にていねいに接すること
・人の気持ちを思いやること
・他人の意見を尊重すること
・大人のふるまい
・気がきくこと
・誠実であること
・倫理観を持つこと
・正直であること
・きちんとしたテーブルマナー
・節度を持つこと

・やさしさ
・行儀
・寛容になること
・公平であること
・慎み
・自制心
・正義
・忍耐強いこと
・無私
・エチケット
・傾聴すること
・同情すること
・人あたりがいいこと
・人に尽くすこと
・フレンドリーな態度
・人に手を貸すこと
・作法を守ること
・決まりを守ること
・よき市民でいること

このリストから浮かび上がってくるのは、こんな結論です。

・礼節とは、複雑なものである。
・礼節とは、よいものである。

・礼節とは、ていねいに、礼儀正しく、行儀やマナーを守ることである。
・礼節は哲学や倫理学の領域にあるものである。

私はこの四点に沿って、本書を書きました。

礼節ある人間でいるということは、つねに他人の存在を意識して、その意識のすみずみに寛容さと敬意と配慮を行き渡らせることです。**礼節とは善意の表れです。**誰か個人に親切で配慮ある態度をとるだけでなく、地域や地球全体のすこやかさに関心を持つことでもあるのです。

礼節あるふるまいとは具体的には以下のようなものです。


「お願いします」や「ありがとう」を言う。

誰かをおどろかせたり静寂を乱したりしそうなときは、声をひそめる。

公共施設の改築のため、寄付をする。

初対面の人が会話に入れるようにする。

新しく引っ越してきた人を歓迎する。

理解して力になろうという気持ちで、他人の意見を聞く。
自分とちがう考え方の人にも敬意を払う。
トラブルにも広い心で対応する。
誰かが投げ捨てたゴミをゴミ箱に入れる。
危険な産業汚染物を正しく処理する。
あやまちを認める。
悪意のあるうわさ話に加担しない。
コーヒーポットの最後の一杯を注いだら、新しいコーヒーを淹れる。
運転中はきちんとシグナルを出す。
バスの中で席を譲るべきときは、いつでもためらわず立ち上がる。
飛行機の座席を倒すときは、うしろの人に断る。
道に迷っている人がいたら、足を止めて教えてあげる。
赤信号で停止する。
反論するときにけんか越しにならない。
議論に負けたときはいさぎよく引く。

礼節（＝Civility）という言葉の由来は、都市（＝City）と社会（＝Society）という言葉にあります。ラテン語で「市民が集まるコミュニティ」を意味する言葉「Civitas」から来ています。Civitasは文明（Civilization）の語源でもあります。

礼節という言葉の背景には、都市生活が人を啓蒙する、という認識があるのです。**都市は人が知を拓き、社会を築く力を伸ばしていく場所**なのです。人は都市に育てられながら、都市のために貢献することを学んでいきます。

礼節とは「よい市民になること」「よき隣人であること」を指しているのです。

礼節とは永遠に色あせない不変の原則

「共感は、人間の最も深い欲求に光をあてるものだ。
人間が生き残れるかどうか、それは他人のことを正しく理解し、
こまやかに対応していく能力の有無にかかっている」

――アーサー・C・シアラミコーリ（臨床心理学者）

礼節ある行動をとるということは、他人の気持ちに共感する練習でもあります。〝自分の行動がどんな影響をおよぼすかを予想する〟という習慣が身につき、責任感と心くばりをもって行動できるようになります。

礼節ある生き方を選ぶということは、他者や社会のために正しい行動を選ぶということです。他者のために正しく行動すると、その副産物として人生が豊かにふくらむので

す。**「他人に親切にするのはよいことである」――この真理は永久に色あせません。**

現代の私たちは、極端な個人主義と相対主義の時代に生きています。人生に意味のある一貫性が感じられず、落胆することも少なくありません。電子メディアが年中無休で発信する情報の多さと多様さにめまいを起こし、茫然としてしまうときもあります。

しかし、絶望と無関心に飲み込まれる道しかないわけではありません。前章で紹介した小説家ピーター・ガドルの表現を借りれば「自分の都合で決めたり書きかえたりするルール」だけが、生きていくための唯一の教科書ではないからです。〝人と結びつく力〟が人生のクオリティを決めることを思い出し、その理解にもとづいた行動をすることもできるのです。

友好的で思いやりに満ちた人間関係は、幸せな人生を育ててくれます。そうした人間関係を築くためにも、互いに礼節をもって、ごく自然に尊敬と配慮とやさしさを示し合うことが必要なのです。

愛とは礼節の先にあるもの

「人間は何を求めているのか」——この問いに対して精神分析学者ジークムント・フロイトは、「人は幸せを求めている、幸せであり続けたいと思っている」と言っています。

フロイトは幸せをおびやかすものを列挙しました。人は病気のせいで不幸になることもありますし、自然の脅威のせいで苦しみを強いられることもありますが、フロイトによると、**何よりつらい不幸の原因は、他者との関係性で生じる**ものです。

ふたりの人間がいて、りんごがひとつしかなかったとすると、半分をもうひとりに分け与えなければなりません。あるいは、相手がりんごを全部食べてしまう可能性もあります。こうした文脈では、他者の幸せとは自分の幸せの終わりを意味することになります。

しかし同時に、他者は幸せの源にもなり得ます。

傷つくのを避けて他人を寄せつけないのは無意味です。人間関係が引き起こす痛みを最低限にする努力をしながら、人間関係を築いていく方法を学ぶべきなのです。

人間関係によって生じる痛みを最低限に抑える方法とは〝他人と上手に接していけるようになること〟です。この大切な素養を身につけるのに、魔法を学ぶ必要はありません。礼節を学べばいいのです。**礼節は人間関係の痛みの予防薬**でもあるのです。

レベッカ・ウェルズの小説『ヤァヤァ・シスターズの聖なる秘密』の主人公シッダは、母ヴィヴィから辛辣な手紙を受けとります。そこには、こんな言葉が書かれていました。

「愛なんかどうでもいいから、マナーくらい守りなさい」

捨てばちな言い方には賛成できないのですが、それでも、この台詞は心に刺さります。ヴィヴィの台詞が私の胸に響く理由は「愛とは、最初からもっているものではなく、たどりつくもの」と語っているからです。

ものごとには順番があります。まずは、自分中心の意識を抑えること。そのうえで、本当の愛を理解するチャンスがやってきます。**まずは行儀作法、その次に愛**なのです。

行儀作法の練習を通じて、赤の他人を含め、他者を自分自身と同じに愛せるようになる人もいるでしょうし、愛情の範囲が家族と友人に限られる人もいるでしょう。しかし行儀作法こそ、愛を知るための最初の一歩です。その方法は、誰もが多少なりとも身につけられるはずです。

自制する心がよりよい未来を作る

「無作法とは、弱い人間が強さをよそおうことだ」

——エリック・ホッファー（社会哲学者）

自己表現したい気持ちがあるのは、人として自然なことです。人は自己表現すべき、と言えるかもしれません。考えや気持ちを前に出して行動するというのは、好ましく健全な行為です。

しかし、表現したいことすべてがそれに値するとは限りません。自己表現が身勝手なものとなることも少なくありません。衝動的行動が自己表現と称される場合もありますが、それは無責任な自分勝手です。まずみじめな結果を招きます。

人生のどんな場面においても、行動を起こす前に立ち止まり、考えるという選択肢があります。それは、みんなでお酒を飲むときにも決してアルコールを口にしない運転手を心の中に住まわせておくようなものです。そして、必要なときにその運転手を呼び出す力を、人は学んで身につけることができます。

行動する際には、一瞬の間をおいて、自分にこんな問いを投げかける習慣を身につけましょう。こうした自問自答は、健全な判断をする助けになります。

・自分は本当にこれをしたいと思っているだろうか？
・これをしたら誰かを傷つけることにならないだろうか？
・これをしたことで未来の自分はよろこぶだろうか？

自制心とは、どんな行動をするときにも思考と配慮の余地を持つことです。自制心を持つと、今この瞬間の満足は得られなくても、五分後、明日、あるいは来年に気分がよくなる行動を選ぶことができるようになります。つまり、**自制心とは〝あとでうれしくなるための技術〟**なのです。

以前、イタリアで妻と一緒に列車に乗っていたとき、高校生の騒々しい一団に遭遇したことがありました。私はいずれ彼らが静かにするのを期待して、十分ほど、居心地の悪い思いで黙って待ちました。

周囲を無視した騒ぎはほほえましいと呼べる限度を超えていたのですが、私が怒りを爆発させそうになった理由は、引率の教師たちが黙認していたことでした。ほんの一瞬ながら、生徒と教師の両方をどなりつけたい気持ちになりました。でもそうしませんでした。あとで悔やむのがわかっていたからです。

私は努めて冷静さを保ち、静かに、けれど断固とした口調で、通路をはさんで座っていたふたりの学生に「妻と話をしたいので、少し声を抑えてもらえないだろうか」と頼みました。叱りつけずに要望を伝えて、対応するのは彼ら自身の責任に任せたのです。

ほかの生徒と教師にも私の声は聞こえていました。気まずい笑い声がして、わざと立てたらしい大きな物音もしました。それでも、高校生の態度は変化しました。しばらくして彼らは静かになり、列車がローマに着いたときには、よい旅を祈って別れの挨拶を交わすことができました。

この一件をうまく解決できたのは、自制心があったからです。それは私の自制心であり、高校生たちの自制心でもありました。

礼儀正しくするのは自分らしさを捨てることではないか、と言う人もいますが、私はそうは思いません。**礼儀正しくすることとは、ある面の自分らしさを抑えながら、別の面の自分を出すこと**ではないでしょうか。自己表現を控えたと感じたとしても、同じくらいに自分を表す行動をしているのです。

本当の礼儀は人生を損なうものではありません。むしろ、正しい行動を選ぶことで満足を積み重ねることになるのです。礼節は人生のクオリティを高める手助けとなるものなのです。

現代社会では自尊心の大切さが強調されがちです。しかし、自尊心ばかり重視して育てると、自分のことしか考えられない人間になってしまいます。

自尊心が大きく肥大した若者は、目先の欲望を抑えるのが下手なものです。そのせいで他人に親切に礼儀正しくしたり、やさしくしたりすることができずにいます。大人が作り上げたナルシスティックな檻に閉じ込められているようなものではないでしょうか。

礼節は成功のために不可欠な人生の部品

完璧とは言えないこの世界で、礼儀正しさの出る幕などない――そんなふうに思っている人は少なくありません。攻撃的な競争社会で、礼儀正しくしていては、立場が弱くなり押しのけられてしまう。だから、思いやりの気持ちなどわきへ置き、決して手加減せず、自分の得になることを追求せよ、と。

そうした態度を否定するつもりはありません。それで成果が出るかと問うならば、答えはYESでしょう。たしかに短期的には結果が出やすくなります。質問したいのは別の問題です。あなたはそういうやり方で勝ちたいと思っているのでしょうか。そういうやり方で勝ち続ける自分を想像できるでしょうか。

「正直者はばかを見る」という表現がありますが、そんなことはありません。正直さと誠実さは、人生の成功に不可欠な部品のようなものです。

人が自らの価値観を形成していくにあたって、まちがいなく取り入れるべき要素のひとつは「誠実であることが大切」という価値観なのです。

礼儀正しさには、自由と拘束の両方が伴います。なぜなら、人は他人に親切にすることで、自分も親切にしてもらえることを願うからです。自分中心の意識を少し放棄して、相手も同程度には譲ってくれると期待するのです。

つまり、**礼節を守ることは「社会というデリケートなゲームで、全員が気持ちよくいられるようにしよう、とおだやかに圧力を加える行為」**と言うことができるでしょう。

残念なことに多くの人は、礼節を学び実践することのメリットを想像できずにいます。そして、人生のクオリティを高める貴重な力を利用しようとしません。

行動としての礼節には、学んで身につけることのできるルールがあります。実践の中でフレキシブルにルールを改善していくことも許されています。

礼節を守ることのメリットと、それを日常生活に取り入れていくベストな方法を、この本で知っていただきたいと思っています。

人とのつながりが健康を守る

「自分は誰かと親しいと感じている人は健康になりやすい。
病気になる危険性は著しく低く、
病気になったとしても、生存の確率はきわめて高い」

――ディーン・オーニッシュ（医学博士）

一九五〇年代初期、ハーバード大学で行われたある研究で、健康な若い男子学生二クラスを対象にアンケートで両親との仲を調べました。

三十五年後、彼らの医療記録を調べたところ、両親と仲がよくないと答えた学生の一〇〇％が心臓病や十二指腸潰瘍など、重い病気と診断されていました。一方、両親と良好で温かい関係を維持していた学生では、そうした疾病にかかったのは四七％でした。

一九六五年、心身医療分野のパイオニアであるリサ・バークマン博士の研究では、カリフォルニア州アラメダ郡の男女数千人の社会的結びつき（配偶者の有無、交流関係、教会への参加など）を記録し、九年後に、この回答者の健康状況を調べました。

その結果、孤独な生活をしていた回答者の死亡率は一・九から三・一倍も高かったのです。その後も数年間にわたってさまざまな調査が行われ、**社会的結びつきの欠如は健康に著しいリスクとなる**ことが判明しています。

一九九〇年代、カーネギー・メロン大学のシェルダン・コーエン博士の研究では、十八歳から五十五歳の健康な志願者二百七十六人から、社会的交流の範囲を聞きとりました。次に、同じ被験者にライノウイルス二種類のうちどちらかが含まれる点鼻薬を与え、ウイルスが引き起こす風邪の症状の発生を監視しました。

いずれのウイルスを接種した場合でも、交流範囲の広い被験者は風邪に対する抵抗力が強いことがわかりました。六種類以上の社会的結びつきがあると、一から三種類の社会的結びつきしかない場合とくらべて、風邪に四倍強いという結果が出ました。

オハイオ州立大学のジャニス・キーコルト－グレイザー博士は「別居または離婚した男性は、結婚している男性とくらべて健康ではない」という研究結果を発表しました。また、結婚生活が安泰でない男性は、免疫系が弱いことも発見しました。夫と妻の対立は、明らかに健康に悪影響をおよぼします。

さらに別の研究では、結婚して数十年になる夫婦を調査したところ、ひんぱんに口論する夫婦は、口論の少ない夫婦とくらべて、免疫系が弱いことがわかりました。

こうした研究からわかるように、健康でいるためには、他者とつながる必要があります。**他人と交流する能力は、まちがいなく健康を左右します。**つまり、礼節を守るのは気分がよくなるからだけでなく、健康のためでもあるのです。言ってしまえば、人を大事にすることは自分を大事にすることなのです。

また、健康でいるためには、人生に目的や意味を感じられなくてはなりません。そして、人生の目的や意味は、かならず他者の存在と結びついています。やはり、身のまわりにいる人を敬意と配慮をこめて大切に扱うことが重要になるというわけです。

特に人生の後半戦には、人間関係の力が大きな支えとなります。仕事をしているあいだは、好むと好まざるとにかかわらず、多くの人とつき合わざるを得ません。けれど仕事が生活の中心でなくなると、仕事の縁だけでつき合っていた人は去っていきます。

しかし、あなたがやさしさと心くばりのできる人間なら、仕事をやめても一緒にいたいと思ってもらえるでしょう。気づかいや思いやりの輪が続けば、それはお互いにとってよいことなのです。

だからこそ、やはり礼節を学ぶ必要があります。学べば学ぶほど、礼節は利他主義と利己主義の自然な共存状態を生み出すということが、はっきりとわかってくるでしょう。

礼節のルール25

第2章

ルール01

周囲の人に関心を向ける

「ふたり以上が集まり、お互いに関心を示せば、
そこにかならず人間的な瞬間が生まれる」

——エドワード・M・ハロウェル（精神分析医）

学校の廊下を数人の女子中学生が歩いていました。笑ったり、からかい合ったりして、騒がしくしています。教室の前を通りかかったとき、ひとりが予想外の行動をしました。教室のドアを見て「授業かテストの最中かもしれない」という考えが頭をよぎったのでしょう。その子はすぐに声のトーンを下げ、友達を急かしてさっと通り過ぎたのです。ささやかですが、実に印象的な行動でした。

第一に、この少女は心の目でドアの向こうを見ることができました。
第二に、自分たちの騒音がおよぼす不快感を想像することができていました。
そして第三に、想像力をもとに、行動を起こす意欲がありました。

少女が周囲に注意を払っていなかったら、こうした行動は生じなかったでしょう。他人に対して関心を持っていたので、思慮深い行動ができたのです。「関心を持つ」とは、人を周囲の世界と結びつける行為です。**親切とは、そもそも関心を持つことから生まれます。**関心を持たなければ、たとえば同僚が励ましの言葉を必要としていると察することもできません。

日々の生活の中で、周囲に関心を向けず、やり過ごしてしまうことは少なくありません。たとえば出勤の途中の出来事にはめったに気をとめません。見慣れた表層にとらわれて、その向こうを見ることができないのです。木はただの木。店はただの店。バスはただのバス。通行人はただの通行人……。

しかし、たとえば遠くの街から訪ねてきた友人を案内するときには、見慣れた風景も特別な存在となっていきます。感覚が鋭くなり、いつも見ているものを初めて見るかのように意識できるのです。

あれはハナミズキの老木。あの店の窓ではハンサムな三毛猫が昼寝中。中年の女性が何かにおどろいて、白いハンカチを口にあてている——周囲に関心を持つと、ひとつひとつの出会いが格段に濃いものとなります。ですから、いつでもこうした〝**初心者の目**〟を維持していたいではありませんか。

そのためには、たとえばこんな意識の持ち方が役に立つでしょう。

私が話しているのは「単なる同僚のひとり」ではなく「同僚のAさん」だ。彼は、子どもの健康状態が心配だと話していたっけ。来月のチーム作業の計画を立てるときは、そのことを念頭に置くようにしよう。

駐車場から、車が道に出ようとしている。車道では車が列になって流れているから、あの車はずっと道に出られないな。車間を空けて、先に通してあげよう。

列車に乗ったら、車両の後方に、読書をしている乗客が見えた。私たちは車中でお喋りしたいので、邪魔にならないように、前のほうの座席に座ろう。

周囲に関心を向けるというのは、自分中心の意識から脱却することです。「あなたは関心を向けられる価値がある人です」と相手を承認することでもあります。また、周囲の出来事に自分がどんな反応をしているか、意識できるようになるのです。

誰かにひどい言葉を投げかけられ、怒りの気持ちがふくらむのを感じたとしましょう。そのまま爆発させず、意識的に考えてみます。その怒りは正当でしょうか。過剰反応ではないでしょうか。あとで後悔しないでしょうか。

友人に「仕事の推薦状を書いてほしい」と頼まれたのに、なんとなく気が進まなかったとしましょう。**行動を起こす前に、自分がなぜそんなふうに感じるのか、意識してみる**のが賢明です。友人はその仕事に向いていないと思うからでしょうか。友人がチャンスをつかむのが気に入らないからでしょうか。

関心には、外向きと内向きの二種類があります。世界に関心を向けると同時に、自分の思考に関心を向けましょう。そこにあふれる情報を正しく活用できるかどうかはあなたしだいです。その過程を通じ、人は自分の真価を発揮し、人生を充実させていきます。

ルール02

あいさつをして敬意と承認を伝える

「すべての行動は、そこにいる人への
敬意のしるしをこめたものでなければならない」

――ジョージ・ワシントン（アメリカ合衆国初代大統領）

二十五年ほど前、イタリアからアメリカに来たばかりの未熟な大学院生だった私は、カリフォルニア州ウェストウッドにあるＵＣＬＡ（カリフォルニア大学ロサンゼルス校）のキャンパスまで、毎日バスで通っていました。

このバス通学は、私がアメリカで最初に感銘を受けた出来事のひとつでした。乗客のほとんどが運転手に「おはよう」と言ってバスに乗り、降りるときには「ありがとう」「よい一日を」と声をかけていくのです。

ヨーロッパでは、誰もバスの運転手にあいさつしませんでした。ミラノに住んでいたときの私にとって、運転手とはバスという機械の一部、何の特徴もない部品のようなものだったのです。けれど、サンタモニカとウェストウッドを結ぶ青いバスで、私は運転手の存在を本当の意味で見ることを学びました。人を職業ではなく個人の人間として見るアメリカ流のスキルを、私はそれから何年もかけて学ぶこととなりました。

「こんにちは」「おはよう」といったあいさつは、他者を尊重していることを示す基本的な言葉です。**「おはよう」を言うとき、そこには「あなたの存在を承認し、敬意を感じている」という意味がこめられます。**あいさつすることで、実際に口に出さなくても、こんなメッセージを伝えているのです。

「私たちがよい関係かどうか、あなたが意識しているのを知っています。私も意識しています。安心してください。私は、私たちがよい関係だと感じています」

あいさつは、その人がその人であるということを尊重する行為です。あいさつを通じて存在を認めるだけでなく、あなたを傷つける意図はないよ、あなたが安泰であるかどうか気にかけているよ、というメッセージを表明しているのです。「お互いに善意を持って接しよう」と呼びかけることにもなります。これは、礼節をかたちづくる大切な要素です。

けれど、人は**「透明人間ゲーム」**をすることが少なくありません。知人が向こうから歩いてくるのに気づいていながら、あいさつどころか会釈もせず、相手が透明人間であるかのように、そこに存在しないかのように通り過ぎたりするのです。

すべての時間を、つねに社交的に過ごすわけにはいきません。ときには内向的になり、他人と距離を置いて、自分を守ろうとするときもあります。それは悪いことではありません。心身が消耗したときに、エネルギーを取り戻すためには、そうした内向きの姿勢もたしかに必要です。

けれどそうした場合でも、透明人間ゲームをする必要はありません。透明人間ゲームはむなしくみじめです。**自分から会釈する習慣を始めましょう。**相手の会釈やあいさつを待つのはやめてみましょう。自分から先にあいさつすることで、自分の面目をつぶす結果にはならないとわかるはずです。

「礼儀知らず」の三つの害悪

ジュディが本屋でレジの列に並んでいるとき、ひとりの女性が平然と列に割り込んできました。こうした行為、他者の認識の欠如は、少なくとも三つの害をもたらします。

第一に、ジュディの待ち時間が長くなるという迷惑をかけています。ジュディにも予定があり、早く用事を片づけたいのに、それを邪魔されてしまいました。

第二に、存在を軽視されたことで、ジュディは傷つきます。女性はまるで、ジュディがその場にいないかのような態度をとりました。そうやってないがしろにされると、不安で、腹立たしい気持ちになります。

第三に、ジュディが「抗議しなければ」と考えた場合、それも彼女の心を乱します。それだけの価値があることなのか、不愉快な応酬に終わるのではないか、事態がエスカレートするのではないか、とためらいます。反対に行動を起こさなかったとしても、それは逃げたということになるのか、と悩みます。

礼を欠く行為は、他者とのあいだに衝突を生みます。そして、他者の心の中にさざなみを起こすものでもあるのです。

ルール03

相手をいい人だと信じる

「見知らぬ人をもてなすことを忘れてはならない。
知らぬうちに、天使をもてなしているかもしれないのだから」
——パウロ（新約聖書「ヘブライ人への手紙」より）

新約聖書の「ヘブライ人への手紙」の、見知らぬ人と天使についてのくだりは、深いと同時に詩的でもあり、読み返すたびにいつも感銘を受けます。パウロは、親切にした相手が聖なる使者なのかもしれないのだから、という理由で、他者には親切にすべしと教えています。

私は、この美しい表現について考えるたびに、もうひとつ幹から伸びる枝のように派生している意味があると感じます。二番目のメッセージはこうです。

他人に親切にしなさい。親切にした相手の心の中にはかならず天使がいるのだから、その天使の部分に対して親切にしなさい。パウロはそう言っているのではないでしょうか。つまり、人間の善の部分に目を向け、それを前提に行動しなさい、と。

性善説を選択するということは、礼節ある生き方であると同時に、人生に健全な純粋さを保つための道でもあります。**相手はいい人であると想定して接するというのは、実際にそういう人として行動するよう相手を促すことにもなります。**

私の場合、学生とは学問の追究に興味があり、一生懸命勉強する意志があると想定して、教師としての意欲と情熱を注ぎます。学生が誠実だと信じれば、自分も彼らに対して誠実でありたいという気持ちになります。

私が学生を善良だと信じるのは、目が曇っているからでしょうか？　ときには、そうかもしれません。しかし重要なのは、ほとんどの学生が私の信頼に応え、力を発揮してくれている、ということです。彼らのいい部分に目を向けるようにしていれば、その信頼が彼らのあり方を決めて、私が期待したような学生になっていくのです。これは、教師になってよかった、と感じることのひとつです。

私は教室の外でも、出会う人全員がいい人間である、と期待することにしています。そういう姿勢で生きているのです。初対面の人と会うときは「今、新しい世界が広がろうとしているのかもしれない。すばらしい人が、私の人生に加わることになるのかもしれない」と考えて胸を躍らせます。

善の可能性にふれるのは、本当にうれしいものです。卓越した知性にも感銘を受けますし、美にはうっとりさせられますし、カリスマ性にも魅了されずにはいられませんが、心を動かされるのは〝人の善良さ〟です。

もちろん、出会う人全員が善人の鑑のような人物ではありません。けれど、きっと私にはよくしてくれるだろう、と賭けてみるのです。

私の善意は無言のプレッシャーにもなります。それがお互いをいい人生に導いてくれることを強く期待しているのです。

性善説を選択すれば、確実に人生のクオリティは高まります。**赤の他人で終わったかもしれない人と、良好な関係を結ぶことができる**からです。

とはいえ、やりすぎないように気をつけなければなりません。他人を性善説で見たせいで、自分の身に危険がおよぶ可能性があるからです。楽観とは「考えない」ことではなく、「正しく現実を見る」ことでなくてはなりません。

私にも、もっと警戒するべきだったという経験は何度もあります。それでも、人間の善に目を向けるというのは、私が私であるうえで欠かせないことなのです。

人と接するときは、ぜひ大きな期待をもって接してください。それは、きっと相手の心にも届きます。それと同時に、不快なサプライズに見舞われる可能性も、軽視はしないでください。がっかりさせられる出来事があった場合は、そのときは悲しいかもしれませんが、やがて変わるのだ、と受け入れるのです。

失望させられた人物に気持ちを伝える場合は、率直にぶつけることです。相手がどんな反応をしたとしても、少なくともあなたは、相手に何かを学ぶ機会を与えたのだと思うことができるでしょう。

ルール04

人の話をきちんと聞く

「現代の生活で生じる衝突の大半は、ひとつの不幸な事実で説明できる。〝誰も他人の話をきちんと聞いていない〟という事実だ」

――マイケル・P・ニコルズ（心理学教授）

残念なことに〝人の話を流して先へ進む〟というパターンは、言葉のやりとりの中でいちばん発生しやすいものです。友達同士のお喋りでも、そんなことになってしまいます。

きっと私も、友人にこの裏切り行為をしてしまったことがあるでしょう。同僚が電話で「休暇はフロリダに行って来たんですよ」と話したとき、私は〝同僚の休暇について、同僚に質問する〟のではなく、フロリダについての私の知識を話したかもしれません。

フロリダに行ったら何をしたいか、一方的にまくしたて、「二年前にフロリダに行ったけれど、昨年は行かなかったから、次の冬には行きたいと思うんだ」などと言ったかもしれません。そんなとき、私の自己中心的なお喋りのせいで、同僚の体験や気持ちは完全に埋もれてしまったことでしょう。

人の話をきちんと聞くことができないのは、相手に意識を集中せずに、自分の欲求だけに意識が向いているからです。ついつい人の話をさえぎるのも、それが理由です。自分にスポットライトを向けたくて、黙って聞いていることができず、無作法にも相手を舞台から追い出そうとします。

これはナルシシズムのなせる技であると同時に、パワーゲームでもあります。会話の流れをコントロールすることで、自分が主導権を握ろうとしているのです。

話の途中で気が散るのも、会話をさえぎるのと同じです。たとえ相手が最後まで話し終わっていたとしても、それにじゅうぶんな反応もせず、自分の話題に飛びついていい権利などありません。

今この瞬間に集中すべき意識を、自分の過去の経験に向けてしまうと、人の話をきちんと聞くことはできません。聞き上手になるには以下の三つのポイントを押さえてください。

1　自分の口を閉じている
2　短くあいづちを打つ
3　質問で会話を引き出す

それぞれについて、もう少し詳しくコツを説明します。

1　自分の口を閉じている

聞くときは、聞く意志をはっきり持って聞きましょう。意識的に「聞くこと」そのものを目的とするのです。

「私は今、話を聞いている。今は純粋に話を聞くための時間を作っているのだ」

こんなふうに自分の胸に呼びかけてください。当然、まずは黙って聞くことです。**耳**

を傾ける力とは、誰かが喋っているあいだに口を閉じている力です。沈黙の価値を再確認してみましょう。

真剣に聞いていることを示したいのですから、気が散る原因は取り除きましょう。テレビを消して、携帯電話もオフにします。次の用事や約束も、いったん頭からどけましょう。あなたの目的は、今の瞬間に集中すること。それを忘れないでください。

2　短くあいづちを打つ

自分が真剣に聞いているということを、相手にわかってもらうために、目を見て、ところどころであいづちを打ちながら話を聞きましょう。「なるほど」「そうですね」「わかります」「それは知りませんでした」など、短く合いの手を入れ、ときどきは、話し手が言った内容を自分の言葉で言いかえて、要点を理解したことも伝えます。

たとえば、ミアがテレサに、こんなふうに話したとします。

「娘の人生のために、できることは全部やってきたのよ。でも、最近は反抗的で、手がつけられなくて。悪態ばかりついて『私の人生なんだから勝手にさせてよ』って言うのよ。もう少し厳しくしつけたほうがよかったかもしれない。もう、心配で心配で」

ここまで聞いたら、テレサは今の言葉を短く整理して繰り返します。

「アリスが反抗的になって、あなたは親としての自信がなくなってるのよね。厳しさが足りなかったせいだと思ってしまうのはわかるけど、本当にそうなのかな」

3　質問で会話を引き出す

協力的に聞くというのは、話を整理して、話に形や方向性を与える手伝いをしつつ、表面的な言葉だけでなく、ボディランゲージも含めて、相手が本当に言いたいことを理解していくことです。

そのためには適切な質問をしなければなりません。「はい／いいえ」で答えられる質問ではなく、「その点はどう思う？」「ほかの選択肢は何が考えられる？」「何があったら助けになると思う？」など、**会話を引き出す質問をしましょう。**自分の好奇心を満足させるのではなく、相手が話のポイントをはっきりさせられるよう質問しましょう。

最後にもうひとつ。**意見があったとしても、口に出すのは意見が求められていると確信できるときだけにすること。**このルールはアドバイスをするときにもあてはまります。

人間は、話を聞いてくれる誰かを求めるものです。自由な自己表現を推奨する文化の中で、辛抱強く他人の話を聞くのはむずかしいと感じるかもしれません。でも、思慮をはたらかせて傾聴する力を発揮するのも自己表現だ、とは考えられないでしょうか。それこそ、私たちの本当の力ではないでしょうか。

ルール05

排他的にならない

「イライザ、最大の秘訣は、どの人間にも同じマナーで接することだ。かんたんに言えば、自分が天国にいるようにふるまうんだよ。そこなら三等客室なんか存在せず、どの魂も等しく尊いんだから」

——ヘンリー・ヒギンズ教授（戯曲『ピグマリオン』の登場人物）

イタリアを旅行していたキャロルの話です。彼女は、旅先で知り合ったイタリア人のグループと楽しく食事をする機会がありました。キャロルは、この人たちと友達になれそうだと感じていました。キャロルの母語は英語ですが、イタリア語も話せるので、全員イタリア語で喋りました。ごくたまに、キャロルには話がよくわからないこともありました。

するとマウロという青年が、何かおもしろいことを早口で言いました。イタリア人はみな笑い、キャロルも合わせて笑いました。ところが、その笑いがまだ顔から消えずにいるうちに、マウロがキャロルのほうを向いて、英語で鋭くこう言ったのです。

「なぜ笑うんです？　今のは理解できなかったはずだ」

そのあとのキャロルが沈んだ様子だったことに、何人かは気づいていました。キャロルにとって、その夜の楽しさは失われてしまったのでした。

キャロルがマウロの冗談を理解していたかどうかは問題ではありませんでした。彼女が笑った理由は、新しい友達と過ごす時間をうれしく思う気持ちを表現するためだったのです。笑いから置いていかれたくなかったのかもしれません。彼女にとっては、まわりと一緒に笑う必要があったのです。

マウロは、彼女が言葉もよくわかっていないのに演技をしていると問い詰めるのではなく、溶け込もうとする努力を尊重するべきでした。マウロの意図がどうだったにせよ、キャロルが受けとったメッセージはこうでした――「おまえはここの一員じゃない。歓迎されていない。おまえは私たちの仲間じゃない」

人は「受け入れられたい」という強い願いを抱くものです。歓迎されることをうれしく思い、仲間との一体感をよろこびます。人間のアイデンティティは、グループの中で形成されるものでもあるのです。仲間とのあいだに心のよりどころを見出し、意義や方向性を見つけます。だから、**排他的な態度や言葉は一〇〇%の確率で人を傷つける**のです。

人間は「同じであること」に安全を求めてしまいやすいのです。部署やチームへの忠誠心は仕事を生産的にもしますが、長期的には、派閥意識は個人と組織の両方に害をもたらします。

グローバルな環境で組織が運営される未来に向けて、自分とは価値観がちがう人、ふだんは関わらない人にも、積極的に関わっていく努力をしましょう。よく知らない相手でも一緒に効率的に作業できなくてはなりません。新しいメンバーが加わったとき、その人が歓迎されていると思えるよう、友好的な空気を意識的に作りましょう。むずかしいことではありません。

多様な人と知り合い、多様な経験をしようと努力するのは、礼節ある行動にほかなりません。そして賢明な行動でもあるのです。

排他的にならないために心がけたい十三のこと

①気が合わないと思っている人のよい点を、あらためて評価してみる

②あまり好きではない人に話しかけ、意見に耳を傾けてみる

③興味のない人に、あえて声をかけたり、短時間でも接してみる

④数人がいる場では、特定の人だけに話しかけたりしない

⑤大勢が集まる場では、全員が楽しめる話題を選ぶ。会話の輪に入れない人がいたら、その人の関心事に会話を誘導する

⑥会話に新しい人が加わってきたら、これまでの話を要約して伝える

⑦リーダーを務めるときには、チームの全員から意見を聞く

⑧同僚とランチを一緒に食べるときには、近くの人にも声をかける

⑨一部の人にしかわからないような言い回しを使わない

⑩近所に引っ越してきた人がいたら、「ようこそ」とあいさつをする

⑪義理の家族ができたら「家族になってくれてうれしい」と伝える

⑫転職してきた人には、新しい職場環境を理解し、早く慣れることができるように、時間を作って手伝う

⑬異文化にもオープンな姿勢で配慮し、関心を示す

ルール06

親切な話し方をする

「親切な言葉というのは、春の日のようなもの」

——ロシアのことわざ

自分が話している相手は、傷つくこともある「人間」という生き物なのだということを、いつも念頭に置いておく必要があります。

言葉の力を軽んじてはいけません。自分の言葉は相手を不必要に傷つけるかもしれないし、いやな気持ちにさせるかもしれない——会話をするときは、それを忘れないでください。**つねに相手の存在を意識し、自分の欲求を鎖でつないでおく**のです。

あなたが親切な話し方をすれば、あなたと関わる人の人生はその分だけ楽になります。親切な言葉は、やさしさを伝えて人を支える力になります。誰かを絶望から救い、立ち直らせることができるかもしれません。少なくとも、人の気持ちを明るくして、一日を過ごしやすくすることにはなるはずです。

沈黙のほうが言葉よりも親切で、配慮ある行動となるときもあります。話すときは、理解しやすいように、ゆっくりめのペースで喋りましょう。話のポイントをできるだけ明確にして、脱線に気をつけること。

話のポイントを伝えたら、いったん言葉を切って、今度は相手が口を開けるようにします。必要に応じて、意見を聞きたいと伝えましょう。言葉を選び、注意深く文章を組み立てて、お互いの真意がきちんと伝わるようにします。

声のボリュームはつねにおだやかに。大声は耳に障りますし、威圧的に聞こえます。**人は声のトーンに反応する**ことを忘れないでください。親切な話し方とは、言葉の選び方の問題であると同時に、声のトーンの問題でもあるのです。

声に怒りがにじみ出てしまったら、できるだけ理性的に、落ち着いて、その理由を説明しましょう。怒ることがいけないわけではありません。怒りを示しながら、同時に礼儀正しくあることも可能です。

言い争わなければならないときはフェアにやりましょう。それは相手のためでもあり、自分のためでもあります。人種や国籍、性別に関することや、問題とは無関係なプライベートの事情について、心ない言葉を投げかけてはいけません。

相手の弱い部分を探して叩こうとするのは論外です。寄り道せず、問題の本質を指摘するよう心がけてください。

相手がひとりの人であることを忘れてはいけません。顔もなく名前もない、単なる「悪いやつ」「まちがっている人」などと思う気持ちに流されないことです。相手の意見にどれほど強く反対だとしても、かならず共感と理解の余地はあるという気持ちを捨てないでください。その気持ちは、話し合いで解決する手助けになります。

口汚い言葉の使用を控えるのは当然ですが、えらそうな物言いをするのも、やり方がまわりくどいというだけで、同じようなものです。自分はちっぽけな存在だ、という思いが根底にあるからこそ、大きく見せようとしてしまうのです。礼節を失うことで、図らずも自己評価の低さを露呈しています。

ていねいで親切な言葉は、心のバランスと信頼を守る傘になります。その傘の内側に相手を引き入れ、安心させることができます。親切な話し方を身につけられれば、人間関係は著しく改善するでしょう。日々の生活のクオリティも格段にアップするはずです。

ボディランゲージにも心をこめて

笑顔について考えてみてください。笑っている人は真剣ではない、と考える人は少なくありません。特に職場ではそう見られがちですが、心のこもった適切な笑顔は悪いものではありません。

笑顔は、自分に自信があり、落ち着いて心を開こうとしている姿勢を示すものです。目の前の相手を信頼していることも伝わります。笑顔は、一日を明るく照らす近道なのです。

顔と身体を聞き手に向ければ、真剣にコミュニケーションしていると伝わります。ほんの少し姿勢を前のめりにすれば、相手の発言に興味があると表現できます。さらに、ときどき小さくうなずいて、集中していること、話を理解していることを示しましょう。関心と賛同を示すためには、目を合わせ、相手の言葉に応じて表情を変えるのがよいでしょう。相手の手や腕にふれるのがいい場合もあります。

私は数年前、メリーランド州の凶悪犯罪者用刑務所で、ボディランゲージの重要性を実感する体験をしました。

礼節についてのワークショップを行ったのですが、終了後に受刑者のひとりが話しかけてきました。ワークショップの感想を私に伝えに来た彼は、私に訊ねました。

「先生、あんた、今おれが突然近づいて自己紹介したとき、自分がどんな反応をしたか気づいたかね？」

私は「気づかなかった」と答えました。すると、彼はこう言ったのです。

「あんた、凍りついてあとずさるのでなく、おれと話すために身体を前のめりにしたんだ。気づいてなかっただろうが、おれはあんたを試したんだよ。合格だね」

ルール07

そこにいない人の悪口を言わない

「このクラスの新しい先生だ。とてもいい方だから、みんな好きになるだろう」
「昨夜、とても感じのいいご夫婦に会ったんです」
「このオフィスにいるのは、いい人たちばかりです。なじめると思いますよ」

私たちは日々、こんなふうに人を評価しています。**人が他者について最初に知りたい重要なポイントは「いい人かどうか」という点**なのです。

あらためて「いい人」の特徴を具体的に考えてみると、「他人の悪口を言わない」ということが含まれるのはまちがいのないところでしょう。「彼はいい人だ。昔から知っているけど、他人を悪く言うのは一度も聞いたことがない」

知り合いの誰かをこんなふうに説明した経験は、あなたにもあるのではないでしょうじます。

か。私にも経験があります。私自身、誰かにこう言ってもらえたなら、晴れがましく感じます。

現代ではインターネットが、言葉の暴力に新しい形をもたらしています。

多くの人は、サイバースペースは礼節も倫理観も必要のない場所、日常生活のルールが適用されない場所と考えているようですが、媒体にかかわらず匿名の言葉の暴力は許されるものではありません。紙であろうとインターネットであろうと同じことです。

特に職場で使う電子機器は、あくまで仕事のために、責任感と仕事意識をもって使わなくてはなりません。そもそも、この新しい情報テクノロジーの中で匿名性が守れると思うこと自体、幻想にすぎないことを忘れないでください。

インターネットではなく、目の前で悪口を言っている人がいたら、どうするべきでしょうか。状況にもよりますが、こんな対応が考えられます。

・その場を離れる

・悪口がその場限りで、あまり害がない場合なら黙っている

・話題を変えるか、悪口の対象となっている人物についてポジティブな意見を言う

・不愉快だと言う、悪口で盛り上がる気はないと伝える

「こういう会話は好きじゃないんです」

「彼のプライベートを、ことこまかにつつくのは気が進みませんね」

「いないところで叩くのはフェアじゃない、という感じがします」

他人を見下すような話は聞くに堪えないものです。

Bさんが A さんについて悪口を言っているのを聞くと、Bさん自身のことを考えてしまいます。きっと私も、彼の悪意ある言葉のターゲットになっただろう、と思えてくるのです。今はたまたま私がここにいたので、いなかったAさんが不幸にも標的になっただけなのだろう、と。Bさんは、自分の物言いのせいで、自分の印象を悪くしていると

は思わないのでしょうか。

ここまで考えると、私も他人のことを言えたわけではない、という思いがわき上がってきます。周囲からどう見られるか、気をつけているつもりではありますが、自分の発言からトゲのある言葉をいっさい排除しているとは言い切れません。排除しようと心がけてはいるはずだ、と考えて、ほんの少し安心するばかりです。

つねに他人に対して中立の立場で接していれば、人はあなたに心を開くようになります。陰で悪口を言ったりしないとわかれば、あなたに近づくことをおそれる心配がなくなるからです。

悪口を言わない――このルールを守れば、深い人間関係に恵まれることになるのです。

ルール08

ほめ言葉を贈る。そして受け入れる

「ひとこと、いいほめ言葉をもらえれば、それで二カ月は生きていける」

――マーク・トウェイン（作家）

中世では、「人をほめる」という行為は高潔さの証明であると見られていました。自分中心の意識からの脱却だと信じられていたのです。

子どもは、親にほめられるのがうれしくてたまりません。関心を向けられたことをよろこび、「認めてもらえた」という満足感に浸ります。人は、この世に生を受けた最初の数年間で「ほめられる」ことのよろこびをおぼえます。そして、その甘美な味をずっと忘れません。

ところが、誰かを「ほめる」という行為は、なかなか学ぶことができないのです。

その理由としては、他人をほめると、主導権を譲り渡して自分が無力になるような気がすることが挙げられます。しかし、**他人をほめることができるようになれば、自分を無力に感じる気持ちは逆に減っていく**ものなのです。

「ほめる」というのは「あなたに関心を持っていますよ」という気持ちを惜しみなく伝える表現の形です。そこにはいくつものメリットがあります。

・絆が深まる――「あなたについて、私はこう思っている」と伝えれば、自分の考えを深く知ってもらう機会になります

・よい行いをあと押しする――「あなたの行動はすばらしいです」と言えば、その行動を続ける力になります

・長所に気づかせる――多くの人は自分の才能や優れた点に気づくことができません。ほめることで、それを本人に知ってもらいましょう

・相手の自己評価の気持ちを育てる――すこやかな心で生きていくためには、自尊心が欠かせません

賛辞は贈り物です。贈り物を受けとったら、心をこめて「ありがとう」を伝えるのが礼儀というものです。ところが、ほめられると、つい自分を卑下する発言をする人は少なくありません。**賛辞を素直に受け入れないのは、贈り物が気に入らなかったといって突き返すのと同じようなもの**です。

「ほんと、すごかったでしょう？」などと、調子に乗ってさらなる賛辞を求めるのも、好ましくありません。当然ながら、ほかの人が受けるべき賛辞を受けてしまったら、その賛辞がきちんと正しい対象に届くようにしましょう。

人をほめるときの注意点

・本心からでないなら、やたらとほめない

・わかっているはずだと決めつけて、ほめ言葉を控えない

・「上から目線」にならない

・急いでほめ返そうとしない

・できる限り具体的にほめる――「プレゼン、よかったよ」というかわりに、ときにはこんなふうに言ってみましょう。「感動したよ。これほどわかりやすく、論理的で、力強い主張は、ひさしぶりに聞いた。特にいいと思ったところは……」

・「人」に注目する――ほめるに値する「こと（＝結果）」が出るのを待つのではなく、その人のどんな行動が評価されるべきかに注目しましょう。

・小さなことでほめられることを探す――大きなことで他人をほめる機会は多くあり

ません。小さないいことを探しましょう。壁紙や靴、車の趣味をほめるだけでも、その人を幸せな気持ちにすることができます。

リーダーは積極的にほめなければならない

アメリカ労働省の統計では、離職理由のトップは「仕事で評価されていないと感じるから」というものでした。

積極的にほめることで報いていくのはリーダーに必要な資質であるという見方は広く支持されています。**現代の労働環境でリーダーになれる人物とは、思いやりがあり、業績だけでなく部下の努力を称賛して、自信を持たせていける人**なのです。

けれども、仕事に関連しない賛辞はトラブルのもとです。特に服装や身体的特徴についてほめるのは職場にはふさわしくない、というのが常識です。

同僚の服装が魅力的だったとしても、その気持ちは胸にしまっておきましょう。それが社会人としてとるべき態度ですし、何より誤解を防ぐことができます。

意味ありげな視線を送るなど、思わせぶりな態度を見せてはいけません。昔の職場ではまかりとおっていた不快な行為や軽率な行動は、現代ではアウトです。「そんなつもりじゃなかったんだ」と自己弁護しても通用しない事態には、誰だって陥りたくないでしょう。

ルール09

NOの気持ちを察し、尊重する

「受け入れること。それは〝人間らしさ〟と同義語だ」

――ギルバート・ケイス・チェスタトン（作家）

相手のNOを尊重するのは、他者に敬意を払う最も重要な基本ルールです。相手のNOの理由を問いただすような真似はすべきではありません。

誰かが誘いを却下したからといって、その理由を聞き出そうとすれば、相手に罪悪感を抱かせることになります。不本意だとしても、食い下がらず、こんなふうに言いましょう。

「来てくださったらうれしい、とお伝えしたかったんです。ぜひ次の機会に」

オフィスで寄付金を集めたとき、同僚のひとりが関心を示さなかったとしましょう。その場合、しつこく詰め寄るものではありません。

友人がベジタリアンで、ミートローフは頑として口にしないとしましょう。「一度だけ食べてみなよ」と勧めてはいけません。

時間が遅くなったので、恋人が出かける気をなくしたとしましょう。「どうしても」と誘い続けるのは得策とは言えません。

特に恋愛の場面では、相手のNOを尊重することは本当に大切です。あなたが好意を持ったとしても、相手があなたに興味を持たない可能性は大いにあります。その事実を受け入れる心を持ちましょう。もし不本意な結果に終わったとしても、せめて他人の権利を尊重できる人物として、印象に残ろうではありませんか。

はっきりした形で宣言されなくても、NOに気づくことを学びましょう。

相手がパソコンの画面に集中していて、話しかけても生返事しかしないとしたら、NOと言われているのです。あなたはそれを尊重しなくてはなりません。

週末、義理の両親に子どもをあずけるときに、彼らがよろこんだ様子を見せないとしたら、そのサインを無視してはいけません。彼らはそれとなくNOを伝えているのです。かならずしも孫をあずければよろこぶわけではないことを理解し、別の計画を立てなくてはなりません。自分の問題を相手の問題にしないように気をつかう必要があるのです。

他人が気の進まない様子をほのめかしていても、それを理解しようとしなかったり、あえて無視してしまったりする人は少なくありません。なぜ、そんなにNOを受け入れることがむずかしいのでしょうか。

それは、**私たちの心の中には二歳の子どもが住んでいるからです。**その子どもは自分のやり方を頑固に主張して、絶対に引き下がろうとしません。

多くの場合、自己評価の低さが、さらにこの傾向に拍車をかけます。NOと言われると自分が傷ついたと感じ、抵抗してしまうのです。きちんとした自尊心があって、自分で自分にYESと言える人ならば、他者からNOと言われても、広い心で受け入れられます。つまり、他者に対する態度は、いつでも自分に対する自分の意識に左右されているのです。

礼儀正しくするべきか、本心を伝えるべきか

たとえ本心を隠してでも、他人には礼儀正しくするべきでしょうか。それとも、無作法になってしまったとしても、本心を伝えたほうがいいのでしょうか。

これは、テレビ番組「ABCニュース」が数年前に行ったアンケートでの質問です。五六％は「礼儀正しいほうがいい」、三八％は「本心を伝えたほうがいい」と答えました。

「礼儀正しいほうがいい」という答えが多かったのはうれしいことですが、この質問の仕方そのものに、多少引っかかるものを感じます。礼儀正しさを悪いこと（＝本心を隠すこと）と結びつけ、無作法をよいこと（＝本心を伝えること）と結びつけているのですから。

礼儀正しさを自制心と結びつけ、無作法を「いいかげん」や「いやがらせ」と結びつけて質問したならば、回答者は何と答えたでしょうか。まちがいなく、「礼儀正しいほうがいい」の割合がもっと高くなる集計結果が出たはずです。

人生のクオリティを高めるためには礼儀正しくすることが必要不可欠です。

よいマナーを学ぶということは、感受性を育てることでもあります。暴力をはじめとした、私たちを苦しめる数々の悪とたたかうためにも、礼節は大切にしなければならないのです。

礼節を大切にして、世界に浸透させようと努める過程で、私たちは現代社会に必要な知恵を再発見していけるのではないでしょうか。

ルール10

人の意見を尊重する

「全人類が同じ意見を支持し、たったひとりが反対だとしたら、
人類がそのひとりを沈黙させるのは、
ひとりの権力者が全人類を沈黙させるのと同じくらい不当な行為である」

——ジョン・スチュアート・ミル（哲学者）

私はどう考えて、何を信じるか——それは、自分が自分であることの根幹となるものです。そのため私たちは、意見を批判されると人格を否定されたと受けとめ、憤慨し自己弁護に走って、会話を断絶させてしまいます。

だからこそ、他人の意見に反対するときにはきちんとした指針を持つべきなのです。状況に応じて、次のような指針を守ってみましょう。

・相手の意見の核の部分は絶対に否定しない
「おっしゃることは正しいと思います。ただ、このような特殊な状況では……」
・賛成できない場合でも、相手の主張は不当なものではないと認める
「たしかに、そのアイディアも魅力的です。ただ……」
・賛成できないのは自分の勉強不足かもしれない、という言い方にする
「私はちがうと思ったのですが、よくわかっていないからなのかもしれませんね」
・視点が異なっているせいにする
「そうですね。でも、仮に別の角度から見てみるとしたら……」

ここに挙げた表現では、いずれも**相手に賛同したうえで、条件つきで反対を示す**という原則に則っています。多くの場合、完全に否定するよりも、このほうが好ましいので

す。相手に対する攻撃性を弱めることにもなります。

けれど、もし相手の意見に悪意があったり、明らかに誰にとっても不快なものである場合は、ためらわずきっぱりと否定しましょう。

「申し訳ないが、それはまちがっていると思う」

「反対ですね。今の意見は悪意があります」

「今の話は私の信条には反しています」

相手も同じ意見だと決めつけない

自分の意見は絶対的に正しい、という態度で話す人は少なくありません。決めつけの意見を聞かされた経験は、誰にでもあるのではないでしょうか。たとえば私は、テレビの害悪について語る議論に、何度となく巻き込まれています。

「テレビはおそろしい存在だ」「人類全体にとって害のあるものだ」という信念を口に出す人は後を絶ちません。彼らの主張は、自明の真理として提示されます。少しでも考える頭があるなら、テレビの害悪はわかるはずだから、論拠を述べる必要はないというわけです。

「テレビはゴミ」派の非難を聞かされると、私はそのたびに気づまりな思いを感じずにいられません。私はいいテレビ番組もあると思いますし、テレビ業界にたずさわる多くの人々を、十把ひとからげでゴミの生産者と決めつけるべきではないと考えています。

私が言いたいのは、望んでもいない会員制クラブに入っていることにされるのはおもしろくない、ということです。

「あなたは私たちと同じ意見ですよね」という前提で発言する人は、意見がちがうかもしれないとは考えずに、勝手に両者の意見を代弁したつもりでいます。無作法というよりほかに、言いようがあるでしょうか。


相手も同じ意見のように感じるのは、ただ会話の流れを乱さないために、発言を控えているだけかもしれません。あるいはあなたをおそれて異義を唱えるのはやめようと考えているだけかもしれません。いずれにせよ、心の中では不愉快に思っているでしょう。

他人にそんな不愉快な思いをさせてはいけません。**意見は絶対的な真実ではなく、ひとつの意見として提示して、反論の余地を残し、相手が感想を言いやすくしましょう。**

「あなたは、どうお思いになりますか？」のひとことを投げかけるようにしてください。

これは、人の意見に耳を傾けるための最もシンプルかつ謙虚で賢明な質問です。

反対意見にも真摯に耳を傾ければ、新しいことを学べるかもしれません。自分の意見がそれほどいいものではないと考えを改め、視野を広げるべきだと気づくチャンスを手に入れられるかもしれないのです。

ルール 11

身だしなみと仕草に気を配る

「人を不快にさせず、好感をもたれるよう、身だしなみを整えるのです」

――ペギー・ポスト&ピーター・ポスト（エチケット専門家）

誰でも、自分の身体で他人に害をなす可能性があります。見た目やにおいで不快感を与えることもありますし、何らかの仕草で傷つけることもあるでしょう。ですから、自らの身体の管理を学ばなくてはならないのです。

その第一歩が、基本的な身だしなみです。身だしなみを整えるというのは、他人の関心を引くに値する人物である、と自分で自分を保証することです。**自分を大切にすることとは、他人を大切にしている証拠にもなる**のです。

身だしなみの基本とは、まず、身体が清潔でにおわないようにすること。

髪はまめに洗い、指や爪も清潔にして、ひげをていねいに剃ること。

化粧をするならふさわしいものにして、歯と息もさわやかにしておくこと。

清潔でしわのない服を着ること。

磨いた靴、ほつれていない靴下、伝線していないストッキングをはくこと。


身だしなみとは、自分のメンテナンスをすることです。メンテナンス作業は、人前でするものではありません。

また、周囲の人のために「控える」ということもおぼえましょう。香りの強い香水やローションはつけないことです。香水全般に対してアレルギーの人もいます。香水をつけて仕事をするなら、同僚の迷惑にならないよう注意してください。

ちょっとたばこを一服したら、オフィスに戻る前に、マウスウォッシュを使って息をさわやかにしておきましょう。

病院で診察を受けるのなら、病院に向かう前に家でシャワーを浴びていきましょう。

仕事があってそれが無理なら、会社を出る前に洗面所に寄って、身体をできるだけきれいにしておくことです。

休日の土曜日、特にどこかへ出かける予定もないとしましょう。その場合、ひげは剃るべきでしょうか。髪は洗ったほうがいいでしょうか。下着の替えを切らして、洗濯をしなければならない状況で、きれいな下着をつけなければならないでしょうか。答えはYESです。

たとえ休日でも、自分のためだけでなく家族のために身だしなみを整えましょう。いつも次に会う人に備えて、ふさわしい格好を心がけるようにしてください。ほかの誰よりも長く、近くで一緒に過ごす人にとって、あなたと一緒にいることが心地いいものとなるように、身だしなみを整えるのです。

身内と一緒のときはマナーを忘れることが多いかもしれませんが、**本当は身内に対して礼儀を守ることこそ、愛情を示す何よりたしかな方法なのです。**愛情とは、気持ちだけのものではありません。本当の愛は行動で成り立つものです。

身だしなみを整えると、たいてい心身ともにすこやかな気持ちになります。気分がよくなり、自分のことが好きになります。そうすると、他人にも親切にしたくなり、回り回って自分も親切にしてもらえるのです。

仕草にも気を配る

身体管理の礼節とは、身だしなみを整えるだけのことではありません。ほかにも注意すべきポイントがあります。

・自分の口、耳、鼻などをやたらにさわらない――食べ物をさわって指が汚れたら、ナプキンでぬぐうか、洗いましょう。歯にはさまった食べ物は、洗面所に行って歯ブラシなどで掃除しましょう。耳の中に何かがある気がしても、指をつっ込んだりしてはいけません。洗面所で綿棒を使いましょう。

鼻に指を入れるのは論外です。ハンカチかティッシュで手早く拭くか、ほかの人が見ていない場所ですますことです。鼻をかむときは短く、控えめに。ルネッサンス時代のエチケット・ブックの表現を使えば、「脳の中から真珠か宝石がこぼれ落ちてしまったのではないか、と期待する」かのように、ティッシュの中身を確かめてはいけません。

・ものを食べているときは口を閉じる——話すのと噛むのを一度にやってはいけません。あくびや咳やくしゃみをするときは、手で口を覆うこと。くしゃみをするならハンカチやティッシュの助けを借りるのがベストです。

・鼻をすする、鳴らすなど、鼻から音を立てない

・ガスが出そうになったら、急いでトイレへ。帰りは手を洗うこと

・つばを飛ばさない——プレゼンなどで長時間喋る場合は、ハンカチでときおり口元をそっと拭きましょう。口の端に泡が立つのを防ぐことができます。

・身体を掻かない。爪を噛まない

「大原則」から一歩先へ

自分が他人からされたいことを、自分も他人にするべきだ――数千年前から現在に至るまで、これが道徳の大原則です。この大原則がうまくいくのは、たいていの場合、私たちはみな似たようなニーズや希望を持っているからです。

「他人が私に対してすることを、合理的かどうか判断するときは、
自分が他人にする行動と同じ基準で考えるようにしている。
この原則を適用しないのは、2足す3は5だが3足す2は5ではない、
と言っているようなものだ」

――サミュエル・クラーク（哲学者）

しかし、自分の基準や感受性が人とちがう場合もあります。大原則にもとづき、お互いが自分のされたいように接するべきなのですが、その基準が食いちがっている可能性があるので、かならずしも大原則を信頼できるとは限りません。

つまり、**礼節を守るためには、自分の基準ではなく他人の基準で判断するようにしなくてはならない**のです。自分では鼻をすする音が気にならなかったとしても、他人は気に障るかもしれない、と考えなくてはなりません。

他人の基準にまで意識を広げれば、それだけ自分の善の部分が広がります。大原則の一歩先でこそ、私たちは自分の真価を発揮できるのではないでしょうか。

ルール12

人と協調する

「あんまり愛想よくしないでほしい、と思う。
その人を好きになる面倒をしょい込まずにすむから」

――ジェーン・オースティン（作家）

あなたのまわりに、他人と合わせようとしない人はいるでしょうか。私はそういう人に出会うと、うんざりすると同時に興味をそそられます。その理由は、彼らが自分のかたくなな姿勢を負担に感じていないように思えるからです。

私はその逆で、ちょっとしたことでも意見が衝突すると心が乱れますし、意見が一致すると非常にうれしく感じます。**私の辞書において「妥協する」という言葉は悪い意味を持つものではありません。**ですから、敵対関係の中でこそ輝く人に対しては、畏敬の念のこもったおどろきを感じずにはいられないのです。
たとえば、こんな状況をあなたはどう思うでしょうか。

レイチェル、ターニャ、ラモーナ、サリーの四人は、月に一度の「女子会」の予定を立てています。意見はすぐにまとまりかけました。レイチェルが評判のいい新しいレストランを挙げ、ラモーナが「そこのモロッコ風料理はおいしいって聞いた」と応じ、ターニャも「よさそうね、私、それに乗ったわ」と言います。

ところがサリーは、三人の意見には賛同しませんでした。「あの店はテラス席がないからだめ」だと思っていたのです。それを言うと三人は、外で食事するには季節的に早いから、テラス席がなくても問題ないんじゃないか、と返しました。それでもサリーは頑として譲ろうとしません。

もちろん、サリーには、自分の好みを主張する権利があります。けれど、もう少し融通をきかせれば、人あたりがよく感じられたはずではないでしょうか。

あらゆる場面で他人に譲歩するべきだ、というわけではありません。それは、おろかな行為と言えるでしょう。けれど、ことさらに却下する理由がない限りは、考えを調和させようとする努力くらいはするべきです。

日常生活の中で最も協調性を示すべきなのは、会話の場面です。**自分に向けられた言葉に対しては、基本的に協調的な態度で応じるのが原則**です。協調性ある態度で会話に臨むには、次に挙げるふたつの力を身につける必要があります。

- 自分がまちがっているかもしれない、と考える力
- わからないことをわからない、と認める力

どんなときでも、あなたがまちがっていて相手が正しい可能性はあるものです。自分のまちがいを認める強さをもちましょう。正しいことを言った相手に怒ったりせず、いさぎよく認めましょう。

誰も全知全能であることを期待されてはいません。自分がものを知らないことを受け入れ、相手にもその事実を認めましょう。自分がまちがっている可能性を考え、それを認める訓練を積めば、人間関係は大きく改善し、そこから何かを学べるようになります。

賛同の姿勢を基本にする

よい人間関係を築くための重要な取り組みとして、「賛同の姿勢で耳を傾ける」努力があります。誤解していただきたくないのですが、言われたことに何でも賛同しなければならないという意味ではありません。ただ、つねに賛同の余地を探るようにすべきだ、と私は思っています。**自分の見方と相手の見方のあいだの共通点を見つけるよう意識するのです。**

人はたいてい正反対の行動に出てしまいます。自分の立場を強め、自立を主張するために、あえて互いの差異に目を向けてしまうのです。

ときには、そうする必要があるでしょう。しかし、ほとんどの場合、それは無意味な努力です。自己満足には浸れるかもしれませんが、知らないうちに相手を遠ざけてしまいます。実のある関係性を築きたいのなら、オープンな姿勢で臨むのが第一歩なのです。言い争いを始めそうになったら、こんなふうに胸に問いかけてみましょう。

「私は言い争いをしたいのだろうか。そうするためのじゅうぶんな理由があるだろうか。

口論することで、自分は強くなるのだろうか。主張するだけの大義があるのだろうか」
もし自分が反論しなかったら、相手が正しいことになってしまう、という気持ちで口論を始めてしまうこともありますが、それは立派な理由とは言えません。自分の強さを示すためにも、相手を立てましょう。賛同的な姿勢で耳を傾けるのです。

意見の一致がまったく得られない状態では、人の絆は育ちません。意見の一致は、社会の調和の基盤でもあるのです。

もちろん、生産的な反対意見もあります。第三代アメリカ合衆国大統領となったトマス・ジェファーソンも「おりにふれ、ちょっとした反乱があるのは、いいことだ」と言いました。けれど、反乱、反論だけでは生きてはいけません。

他人に気持ちのいい態度をとるだけで、他人と、そして自分の生活が心地よいものに変わります。その気持ちのいい態度の基盤となるのが、賛同的な姿勢です。それを心がけられる人には、たくさんのメリットが待っています。

示された礼節を受け入れる

誰かが好意や配慮、やさしさを示してくれたなら、それを受け入れて、お礼を言いましょう。礼節を受け入れることが、その人に対するお返しになるのです。

私たちはつい「迷惑をかけたくない」という理由で、親切な申し出を断ってしまいます。でも、相手には親切にする理由があるのですから、よろこんで受け入れましょう。

たとえば、友達が別れ際に「僕は要らないから」と言って傘を渡してくれたとします。あなたはレインコートを着ていて、それで雨はじゅうぶんにしのげると思ったとしても、ぜひ傘を受けとる方向で考えてください。

夏の暑い日に犬を散歩させているとき、ご近所の老人が、息切れしている犬に水を持ってきてあげよう、と申し出てくれたとします。家は近いのだから要らないと思っても、その申し出にＹＥＳと答えてみましょう。喉の渇いた子犬にやさしくできたことで、ご老人にとって、その日がいい一日になるかもしれません。

気持ちよく親切のできる人間になりたいのはもちろんですが、一方で、気持ちよく親切を受けられる人間になろうではありませんか。

ルール13

静けさを大切にする

「私が腕を振りまわしていいのは、あなたの鼻先にふれない範囲まで。
私が騒音を立てていいのは、あなたの耳に入らない範囲まで」

――レス・ブロムバーグ（非営利団体「騒音公害情報センター」責任者）

騒音は、日々の生活で最も影響範囲が広く、最もいらだたしい頭痛の種のひとつです。ところが多くの人は騒音の問題にまで思いがおよびません。

ピアノの練習に熱中すると、隣家の寝室がすぐそこにあることを忘れてしまいますし、お酒を飲んで騒ぐのが好きな人は、それほど気になるようなことではないと考えがちです。しかし、いずれの場合も他人の平穏な時間を乱していることに変わりはありません。

テレビやパソコン、音楽プレイヤーの音で、家族やご近所を悩ませてはいけません。音の大きい掃除機や芝刈り機を使うなら、朝の九時以降にしましょう。車のクラクションは、あいさつがわりにしたり、ストレス発散の手段にしてよいものではありません。クラクションを鳴らすのは、運転中の安全のためだけにしましょう。

図書館は静けさが求められる場所です。映画館でのお喋りもいけません。レストランでは、オフィスと同じように声のボリュームを下げましょう。レストラン・レビューの記事では、食事や雰囲気だけでなく静けさについても評価されることがあります。レストランは、静けさも評価基準になるのです。

図書館、映画館、レストランなどに入る前には、携帯電話の電源を切りましょう。緊急の連絡が心配なら、せめてマナーモードにすることです。着信音が誰かの気に障るであろう状況では、かならず着信音を切っておかなくてはなりません。職場の会議も、プライベートで人と会う場面も同じです。

「静かにしていよう。神のささやきが聞こえるように」

——ラルフ・ウォルドー・エマソン（哲学者）

ひっきりなしに何らかの音がしている現代で、私たちは騒音に慣れてしまっています。汚れのない教会の壁がスプレーペイント用のキャンバスではないように、静寂は埋めるべきすきまではありません。会話中の沈黙はコミュニケーションの失敗ではなく、新たな展開のはじまりかもしれません。

人は、自分と向き合うのを不安に感じ、あえて身の回りを音で満たそうとします。逆に言えば**沈黙こそ、自分の魂と対峙させてくれるもの**なのです。ますます騒がしくなる時代だからこそ、平穏を大事にする心が求められているのです。

静けさを手に入れるために

映画や芝居、オペラ、コンサートなどを観に行って、ほかの観客のお喋りが気になることがあります。がまんできるのならいいのですが、そうでないならまずは視線を向け、それから丁重にこう頼んでみましょう。

「すみませんが、お喋りが気になって楽しめないのです」

これで解決しなかったら、これ以上交渉することはお勧めしません。事態がエスカレートするのは避けるべきでしょう。席を移るか、劇場の係員に相談するのがベターです。

どんな騒音に対処するときにも、基本的に戦略は同じです。まず、がまんできるかどうか、考えてみてください。声をかけようと決めたならば、大きく深呼吸をして、冷静さを保つ準備をします。

そして、騒音がどんなふうに迷惑なのか、言葉は礼儀正しく、けれど断固として説明してください。相手が、そしてあなた自身が怒りの衝動に駆られることがないように努めてください。

非難がましい口調を避け、**「私たちは最終的に合意できると思っています」という意図を強調しましょう。**合理的な妥協案を提案したり、受け入れたりするのもよいでしょう。第三者の助けを借りて、解決策を探すという手もあります。

ルール14

人の時間を尊重する

「人生を愛するのなら、時間を浪費してはならない。
人生は時間でできているのだから」

――ベンジャミン・フランクリン（政治家）

他人の時間は自分の時間と同じように尊重しなくてはなりません。時間を高価な生活必需品とみなして行動しましょう。時間を大事にする気持ちを自分の一部として、なおかつ、せかせかしないペースで日々を送りたいものです。

時間を守るのはあたりまえのことと心得てください。待ち合わせの時間どおりに到着するのは、配慮ある行動の基本中の基本です。五分以上遅れそうなら、必ず相手に連絡をしましょう。

もちろん、そもそも遅れなくてすむようにスケジュールを組むべきです。遅れる可能性があるのに、そのままスケジュールを組むのは失礼です。

また、どんな約束でも、ぎりぎりにキャンセルするのは「自分の都合で、あなたに迷惑をかけていいと思っている」という意思表示をするようなものです。

電話をかけるときには、細心の気配りが必要です。相手の都合の悪い時間に割り込んでしまう可能性があるからです。

電話がつながったら、まず最初に「今お話ししても、ご迷惑ではありませんか？」と聞くべきです。もし相手が大丈夫だと言ったとしても、短く切り上げること。相手が忙しそうな印象を受けたら、極力手短にしましょう。**電話は簡潔にするのが原則**です。

自分の電話を留守電にするのは、本当に出られないときだけにしておきましょう。それ以外で居留守を使うのは最低限に。出られなかったときは、プライベートの用事でも仕事の用事でも、できるだけその日のうちに折り返しの連絡をすることです。

「キャッチホンは私たちの不安をもてあそぶ。自分との会話より優先されてしまうのは、いったいどんな用事で、どんな相手なのかと知りたくなり、苦々しい焦りを感じさせる」

——リン・シャロン・シュウォーツ（作家）

キャッチホンは、なるべく使わないようにするべきです。今まで話していた相手を急に放り出し、ほかの人に注意を向けるという行為が許されるのは、緊急の場合だけです。割り込みが入っても、なるべく早く最初の電話の相手に戻り、中断を詫びましょう。

お店でも職場でも、すぐに自分の用件に対応させようとするのは無作法ですし、非効率でもあります。順番を待てば、担当者の時間とエネルギーを浪費させることなく、仕事のクオリティも上げることができます。もちろん、あなたの存在が無視されていたなら、はっきりと、しかしていねいに声をかけましょう。

仕事の場では、つねに簡潔、明瞭に話しかけるようにしてください。情報はもれなく伝え、相手の役に立つように、かつ相手の時間を節約するようにしましょう。また、取り決めた期限はかならず守るようにしてください。

友人を拘束しないことも大切です。友達なら時間を割いてくれるはずだ、と期待したくなりますが、やはり相手の時間を要求するなら、それ相応の理由が必要なのです。長々と構ってもらって当然と思ってはいけません。

友人が話を打ち切りたい様子をほのめかしていたら、注意しましょう。相手の都合にもっと配慮すべきだ、というメッセージでもあると考えてください。

自分の時間は惜しみなく与える

あなたの時間を割くことを期待されている場合は、相手が期待する時間を惜しみなく捧げましょう。自分の都合だけで、短く切り上げるものではありません。

相手は自分の主張を明らかにするために、またはあなたの意見を正しく理解するために、じゅうぶんな時間を必要としているかもしれません。あるいは、その時間を作るため、その場所に来るために、相当の努力を払ったのかもしれません。

あなたと話してよかったと感じてもらえるように努めましょう。勝手な都合で会議を短縮すれば、失望とフラストレーションを抱かせる可能性があります。

ルール15

人の空間を尊重する

基本的な気くばりのひとつに「他人の空間を尊重する」ことがあります。自分と他人とのあいだに適切な距離を保てば、それが落ち着きを生み、あなたの言葉にも力と真実味が加わります。

会話をするときには、あなたの距離の取り方に対して相手がどう反応しているか、注意を払ってください。パーソナル・スペースの作法は、文化によって異なります。

南ヨーロッパやラテンアメリカ、アラブなどでは、わずか数インチの距離でも、ほとんど問題になりません。しかし、それ以外のほとんどの地域では、もう少しパーソナル・スペースに余裕が必要とされています。**海外に出たときには、パーソナル・スペースの測り方が母国とはちがうかもしれない、と意識する**ようにしてください。

会話をしながら相手の身体にふれる人は少なくありませんが、職場での身体的接触は最低限にするのが賢明です。

多くの人は、身体的接触はパーソナル・スペースの侵害だと感じます。ふれたときの相手の反応に注意して、困惑が見えたと思ったら、それ以上の接触は控えることです。

パーソナル・スペースの延長線にテリトリーがあります。自宅は自分のテリトリーですし、オフィスは従業員のテリトリーです。晴れた夏の日に、家族でビーチにパラソルを広げたならば、そのパラソルの下は家族のテリトリーです。

混雑したカフェテリアで、私が使っているテーブルに断りもなくほかの客が座ったとしたら、私は「テリトリーを侵害された」と感じます。

配達人が、オフィスのドアをノックもせずに踏み込んできたとしたら、やはりテリトリーの侵害と感じます。

仕事から車で帰宅する途中、知らない車がぴったりうしろに張りついてきたとしたら、やはり居心地の悪い気持ちになります。

自宅でも、家族それぞれのテリトリーを尊重することは大切です。人はそれぞれ自宅の中でも「自分の場所」と感じるスペースがあります。一緒に住む家族であっても、そうした場所に踏み込まないでほしいと感じるのは、別に不合理なことではありません。

誰かが使っている寝室や洗面所に割り込むのは控えましょう。子どもも五歳を過ぎたら、両親の部屋に入るときには断ってから入るように教えるべきです。

一方、リビングやキッチンなどはみんなの場所です。そこを一定時間、独占して使うのなら、家族の迷惑にならないかどうか確かめましょう。友人を家に連れてくるタイミング、帰すタイミングには、きちんと判断力をはたらかせましょう。友人がうるさくしないよう、あなたが責任をもたなくてはなりません。

職場でも、テリトリーの尊重は必要不可欠です。昨今のオフィスは壁のかわりに肩の高さのパーティションで仕切られていることが少なくありません。プライバシーが保ちにくいからこそ、お互いのテリトリーを侵害しないようじゅうぶんな注意が必要なのです。

誰かと話すときや電話をするときには、声のボリュームは控えめに。チームで作業をするときや、来客があるときは、会議室を使うべきです。

話す必要があるのなら、電話やメールを使うか、立ち上がってそばまでいきましょう。パーティション越しに大声を出すのは、他の同僚にいらだたしい思いをさせます。

相談があるときには、いきなり話しかけるのではなく、まずは話しかけてもいいかどうか訊ねましょう。同僚が電話中なら、その場を離れて、あとでもう一度足を運ぶこと。

「他人が読んでいるもの、書いているものが見える位置に近づかないこと。
また、人が手紙を書いているときは、その近くを見ないこと」
——ジョージ・ワシントン（アメリカ合衆国初代大統領）

同僚あてのファクスを読もうとしてはいけませんし、他人のコンピューターの画面をじろじろ見るものでもありません。

エレベーターは、先に乗っている人が優先ですし、建物や部屋に入るときも、出る人が先です。先に空間を作り、そのあと埋めるのが合理的な流れだからです。

レストランでテーブルに案内されるのを待っているときに、たまたま知人を見つけても、立ち止まってあいさつをするにとどめて、席に加わってはいけません。相手が相席を勧め、あなたも予定外の同席に問題がなかった場合、初めて腰をおろせばいいのです。

その知人が、あなたの知らない人と一緒なら、会釈をするか「こんにちは」と声をかけ、自分のテーブルに進みましょう。紹介を期待してぐずぐずしないことです。立ち止まってお喋りしていいと指示できるのは、知人のほうなのですから。

また、近くのテーブルの見知らぬ客のプライバシーは尊重しましょう。「バーガー先生の診察を受けている、とおっしゃいましたか？　私も通院しているんですよ。先生はすばらしい方ですよね！」などと、話に割り込むような真似は控えることです。

メニューについて質問したり、聞かれてもいないのに意見を言うのも、好ましい態度ではありません。また、小さな子どもを連れているときは、ほかの人が食事をしているテーブルに迷惑をかけないように気をつけましょう。

職場における礼節の必要性の高まり

職場の人間関係は、仕事の満足度を決める重要な要因です。今後、ますます重要になっていくでしょう。

現代人は、仕事から引退する時期がこれまでより遅くなる可能性があります。長寿化によって、社会保障と医療コストがかさんでいることが一因です。長い余生を支えるため、長く働かなくてはならないかもしれません。その一方で、職場ではさらに厳しいコスト削減が求められ、仕事のストレスは高まる一方です。それが多くの人を「早めに引退したい」という気持ちにさせています。つまり現代人は、長い余生のために長く仕事を続ける必要性と、早く辞めたい気持ちとの板挟みになっているのです。ですから、職場のストレス軽減は、今後ますます重要な課題になることはまちがいありません。

職場は、礼節によって人間関係を向上させることが可能な場です。それが実現できれば、その組織は一流の人材を獲得し、つなぎ止めておくことができます。礼節ある社風の育成は、企業の成功を決める要因となってきているのです。

ルール16

真摯に謝罪する

「謝罪とは、一般的には共感のジェスチャーだ。心や考えを傷つけたことに対して、悔恨の念を表現する。これは相手の気持ちに気づいていると示し、傷つけて後悔していると強調することだ」

――ダニエル・ヤンケロビッチ（社会学者）

謝罪は慎み深い行動です。謝罪を重ねるうちに他人の希望に気づけるようになり、あやまる回数は減っていくでしょう。失敗してから挽回するのではなく、そもそも失敗を回避できるようになるからです。

しかし、この世界に完璧というものが存在しない以上、謝罪は今も、これからも、公正と配慮を表す最も貴重な力のひとつです。

高齢の女性が松葉づえをついて、あぶなっかしい足取りで歩いていたとしましょう。道の反対側から犬を連れた女性が足早に歩いてきます。犬は長いリードをぎりぎりまで引っ張っています。そして老女に向かって吠えかかりました。

老女は思わずあとずさりをして、バランスを崩しました。犬が松葉づえからほんの数インチの距離になったときに、ようやく飼い主の女性がリードを引き、犬の名前を呼びます。老女は寛大にも、こう言いました。

「いいわよ、飛びかかったわけじゃないんだし」

飼い主の女性は、「この子、松葉づえって見たことがなかったんです」と言い、そそくさと立ち去っていきました。

女性に必要なのは言い訳ではなく、シンプルな謝罪の言葉を口に出すことでした。事故の責任をほかになすりつけるような説明は不要です。女性は、老女が松葉づえを使っていたのが悪かったことにしてしまいました。

こんなお茶を濁すような謝罪はめずらしくありません。「電話で怒鳴ったりしてすみませんでした。でも私、最近、ストレスの多い生活をしているんです」というような謝罪になっていない言葉を、何度耳にしてきたことでしょう。

真摯にあやまれば、ときには謝罪される側が、かわりに「言い訳」を提示してくれる場合もあります。

「謝ってくださってありがとう。お互い、ストレスがたまっていましたからね」

しかし、許すのは謝罪の受け手の「義務」ではありません。**謝罪がすぐに受け入れてもらえると期待すべきではない**のです。

詫びたからといって、心の傷が消えるわけではありません。相手を許す気持ちになるために時間が必要な場合もあります。

謝罪が受け入れられないなら、あなたにできるのはその状況を受け入れて、時機を見てもう一度あやまろう、と考えることだけです。謝罪の姿勢を示しながら待ってみましょう。

何か文句を言われたり、抗議されたときには、誠実に検討すれば謝罪すべきかどうかわかります。自分に非があったと思うなら、真摯にあやまりましょう。

ちなみに次に挙げるような台詞は、謝罪とは言えません。

「気持ちはわかります」

「きみの立場は理解できる」

「そんなふうに思わせてしまったとしたら、残念です」

「今、なんとかしようとしてるんです」

自分の行動に責任をとりたくない人は、きちんとした謝罪のかわりに、こうした台詞を言うことが少なくないようです。


なぜ、あやまることはこうもむずかしいのでしょうか。

それは、真摯に謝罪するためには、自分のプライドとたたかわなくてはならないからです。謝罪することを考えると、人は心もとない気持ちになるものです。

けれど、勇気を出してあやまってみれば、それでどんなにすっきりするか、わかるはずです。信じていただけないかもしれませんが、私はあやまるのが好きです。借金を返済し終わったときの解放感と同じ気持ちよさを感じます。

実際、**謝罪とは道徳的な借金の返済**と言ってもよいでしょう。英語では「あなたにあやまらなければいけない」という意味で、「私はあなたに謝罪の返済義務を負っている」という表現をしますが、それももっともなことなのです。

ルール 17

自尊心を持って自己主張する

「私はおばあちゃんが好きだった。大好きだった。
おばあちゃんは、他人の気持ちを
くだけやすいガラスのように扱ってくれた。
私は、ゆっくりと手探りしながら進む人が好きだ。
口がかたく、言葉に注意して、
他人の夢を踏みつけにしないよう気をつける人が好きだ。
『品のある』という言葉が好きだ。
それなのに、なぜ私はこんな男と何年も一緒に暮らしてきたのだろう。
なぜ今も、出ていってくれと言えないのだろう」

これは、ルース・レンデルの小説『街への鍵（The Keys to the Street）』の主人公メアリーの台詞です。彼女には、他人の気持ちを思いやる気持ちがありますが、自尊心に欠けているために、独善的な恋人に別れの言葉を切り出すことができずにいます。自分の権利を主張するのは無作法ではない、と考えることができないのです。

自己主張することは、礼節の基本である「他者への敬意」と矛盾することにはなりません。自己主張とは、礼儀正しくていねいに発揮するべき対人関係スキルの一部です。

自分が求めることをうまく伝えるのは、メアリーだけではなく誰にとっても意外とむずかしいものです。たとえば、プライベートなことを根ほり葉ほり訊ねてくる同僚に、やめてくれと言うのは、かんたんではありません。

気がのらないイベントの誘いを断るのも、自宅では仕事の電話は受けないというルールを固持するのも、毎年同じ祝日に招いている友人夫婦に、今年は招待しないと告げるのも、かんたんなことではありません。

「そんなことを言えば、彼らを拒絶したことになって気分を害してしまう」と思うと、相手に対して罪悪感を抱き、悪い結果が心配になります。

こちらの好意が消えたわけではないとわかってくれるだろうか。引き続き好意を持ってくれるだろうか。そんなふうに不安になり、必要ない気苦労を抱え込んでしまいます。

こうした自滅的な行動をしないためには、どうしたらいいでしょうか。

たとえば、出席する気のしないパーティの招待にNOと言うとしましょう。この場合、**他人にNOと言うのではなく、実は自分に対してYESと言うのだと考えてください。**自分の時間とエネルギーの使い方は、自分で決める権利があるのです。自分にYESと言うのは、誰かの権利を奪う行為ではありません。自分の権利を守るだけのことです。

これはあたりまえの話なのですが、習慣として身につけるためには、練習が必要です。

ほしいものに対してきちんとYESを言い、ほしくないものに対してしっかりとNOを言うと、そのたびに少し（ときには、少しではなく、かなり）気分が高揚します。自分にとって正しいことを勇気をもって主張できたと感じるからです。そして、この達成感をまた味わいたいと考えるようになります。

ですから、きちんとした自己主張をすれば、気分がすっきりするだけでなく、次につながるものなのです。

意見が対立すると、大事な人間関係が壊れてしまう、と不安になる人は多いでしょう。

そういう人は、自己主張しないことで人間関係が壊れる可能性は考えないようです。

たとえば、あなたのバースデーパーティを開くことになり、招待するのは大人だけだと招待客に知らせてあったとしましょう。それなのにひとりが、子どもふたりを連れてくると言ってきたとします。あなたは不愉快に感じましたが、友人の気分を害さないために黙認してしまいます。

この場合、あなたが秘めてしまった不快感と怒りは、友人関係を損なう原因とはならないでしょうか。ていねいに、しかし率直にNOと言ったほうが、傷は浅かったのではないでしょうか。

あなたが引き下がったことで、友人は今後も同じようにしていいと考えるかもしれません。そうすればいずれはふたりの関係に亀裂が走ります。

率直に自己主張をしたほうが、たいていよい結果が得られます。**自己主張する強さを持てば、気分もすっきりするし、人間関係の質も向上します。**得るものは決して少なくないのです。

自己主張するということは、主に「NOと言えるようになること」です。

NOと言うときのコツは、短く単純に言うことです。希望を率直に伝えればいいのであって、議論に発展させる必要はありません。たとえば、次のような言い方が賢明です。

「結構です、ありがとう」
「やめておこうと思います」
「いいえ、それは私が考えていたのとちがうので」
「それはできかねます」
「私はそのつもりはないんです」
「いいえ、それは気が進みません」

こう言ったとしても、引き下がらない相手もいるでしょう。しかし、日常生活においては、NOに対して相手がどんな反応をしたとしても、それ以上説明する義務はありません。

一度NOと言っても、相手が頑固に食い下がり、あなたに罪悪感を抱かせようとするのをやめないときには、もう一度NOと言うのをおそれてはいけません。何度でも繰り返すことです。これは**「壊れたレコード」**と呼ばれる戦略で、効果があります。

自己主張を控えているると健康に悪影響を与えるという研究結果もあります。自分の意志を無視して妥協してばかりいると、免疫系の機能にダメージがおよび、さまざまな病気にかかりやすくなるというのです。

ジャーナリストのヘンリー・ドレイアーは、著書で次のような明快かつ自信に満ちた結論を提示しています。

「他人とのあいだに健全な境界線を構築し、自分で自分の身を守り、
気持ちを伝え、自主性を尊重していると、
心の奥底から『私には価値がある』という自信が生じる。
それは魂をなぐさめるだけではなく、健康にもよい影響を与える」

ルール18

個人的なことを質問しない

「ミス・マナーズ」の異名を持つエチケット専門家、ジュディス・マーティンは「知りたいことがあったら、ためらわず質問してください」という一般的で丁重な呼びかけに引っかかりを感じると述べています。理由は、軽率に個人的な質問をする人が多すぎるからです。彼女は、こんなふうに説明しています。

「本来はためらうべきなのです。口に出す前に、『それは自分に関係があるのか？』と、胸に問うべきなのです。質問をしたら気持ちを傷つけないだろうか、攻撃することにならないだろうか、と考えるのです」

「ためらい」の中にこそ、礼節は存在しています。タブーにふれる質問は、お金、プライベートの人間関係、健康、宗教、政治、そして外見に関係するものなど尽きることがありません。そんな質問の代表例を以下に集めてみました。

「それ、いくらで買ったのですか？」

「給料はいくらですか？」

「何歳ですか？」

「結婚はしているのですか？」「結婚経験があるんですか？」

「どうして結婚しないのですか？」「なぜ恋人がいないのですか？」

「どうして子どもを作らないのですか？」

「つき合っているのですか？」「一緒に住んでいるんですか？」

「どうして医者に行ってるんですか？」「何の手術を受けたんですか？」

「どうして、そんなに顔色が悪いの？」「病気ですか？」

「痩せた？」「太った？」

「教会に通っているのですか？」

「誰に投票したんですか？」「どの党を支持しているんですか？」


誰の生活にも、気軽に明かしたくない部分があります。ここに挙げたようなプライバシーを探る質問は、人を居心地悪くさせ、恥ずかしさと、ときには怒りを感じさせます。
では、こうした無遠慮な質問には、どう反応すればいいでしょうか。もちろん〝礼節を持って〟対応するのです。

無遠慮な質問だからといって、かならずしも、くだらない好奇心や下世話なゴシップ趣味が原因とは限りません。心からの心配や悪意のない好奇心が、ぶしつけな言葉になってしまう場合もあります。

だからといって、配慮のない質問をされても仕方がない、ということにはなりません。**プライバシー領域をおびやかされたなら、異議を唱えるのは人の権利**というものです。

プライバシーを主張するための言い方の例を、いくつか紹介しましょう。

「それについては話したくないんです」
「ひとことでは説明できないんですよ」
「今は、この話をするタイミングではないようです」
「個人的なことは、お話ししないことにしておきたいです」
「申し訳ないのですが、なぜそれを知る必要があるのか、よくわかりません」

無遠慮な質問からは、遠回しに逃げることもできます。あなたの家に来た人が、みごとなアンティークの絵画が飾ってあるのを見て「相当高かったでしょうね！」と言ったとしましょう。お金の話をするつもりがないなら、黙っているか、「あんまり出回ってない作品みたいですよ」とでも言っておけばいいのです。

以前、こんなことがありました。家を売りに出し、二週間ほど経った頃のことです。夕方一本の電話がかかってきました。いつも電話営業の多い時間帯なので、また売り込みの電話だろうとピンときました。はたして引越業者からでした。

電話をとった妻にセールスマンは前置きもなく「まだ引越を考えてますか？」と言ったそうです。電話に出た妻は、いきなりそんなことを聞かれて、ひどくショックを受けました。他人に私たち夫婦の予定を話す義務などありません。妻は電話を切ってしまいました。

このセールスマンが、次のように話していたら、どうなっていたでしょうか。

「こんばんは、フォルニさん。ご自宅を売りに出されていることを知りまして、弊社の引越サービスについてお知らせさせていただけないかと思い、お電話いたしました」
こんな台詞なら、妻の反応は大きくちがっていたはずです。
今の言い方には直接的な質問が入っていない点がポイントです。実際の引越業者は、私たち夫婦から話を聞き出すことはできませんでした。無作法で不適当な質問をして彼らは扉を閉じさせてしまったのです。

人と知り合い、友情を深めていく自然なプロセスでは、プライベートな質問をはっきり訊ねなくても、だんだんと答えがわかっていくものです。時機が来れば、本人のほうから生活や人生について語ってくれるでしょう。ですから、あなたは土足で踏み込むような関心は見せず、時間をかけて絆を育んでいくことです。答えは、自然に明かされていきます。

プライベートな質問でもしなければ会話を続ける方法が見つからないとしたら、それは自分が会話テクニックに欠けているのです。**会話が上手な人は、相手が自発的に言った情報を最大限に活用します。**

たとえば、犬のブリーダーと知り合ったら、最近のブリーディング業界の課題について聞いてみましょう。尼僧だった女性なら、宗教的生活の魅力について訊ねても気分を害さないでしょう。相手の経験にきちんと関心を持てば、きっと何か共通点が浮かんできます。他人に対して誠実に関心を持つ方法は、かならず見つかるはずです。

相手の情報を聞き出そうとすることだけが、ぶしつけな態度ではありません。自分で自分の情報を明かすことも、場合によってはぶしつけです。

たった今出会ったばかりの他人から「計画的に妊娠したんです」とか「最近、給料がいくら上がったんです」といった話を聞かされる義務があるでしょうか。こうした話は、ごく親しい間柄でするものです。個人的な話を慎んでおくのも、他者への敬意なのです。

グローバル時代のプライバシー

「言葉になまりがありますね。どちらのご出身ですか？」

アメリカに住んで二十五年近くになりますが、今でもこの質問を受けることがあります。「どこだと思いますか？」と質問を返すときもあります。けれど、この質問をされて私が何も感じないかと言えば、そういうわけではありません。

母国語でない言語を話さなければいけない人にとって、発音やアクセントは大きな問題です。それを何度も指摘されるのはゆかいなことではありません。意図的ではないとしても、言語能力を批判されたと感じます。さらには、〝どんなに溶け込もうと努力しても、しょせん自分はよそものなんだ〟と感じてしまいます。

さまざまな理由から、出身を明かしたくない場合もあるでしょう。一般的なルールとして、**発音やアクセントについて指摘するのはお勧めしません。**ほめ言葉でもやめたほうがいいでしょう。アクセントをほめるのは、たいてい「上から目線」に聞こえます。

アクセント以外でも、出身や民族について好奇心を満たそうとするのは控えてください。自分のアイデンティティに誇りを持っていたとしても、それを探られることには怒りを感じる可能性があります。あるいは、個人として接するのではなく、分類しようとしている、と感じる人もいるでしょう。

出身に興味を持つのが悪いわけではありませんが、聞き方には気をつかうべきです。身元を明らかにせよと迫るのではなく、**会話の流れの中で、または友情が深まっていく中で、自然とその話題が出るに任せる**のがよいでしょう。

ルール19

最高のおもてなしをする

「客が滞在している限り、あたたかくもてなし、
旅立とうとするときには送り出す」

――メネラオス（ホメロス『オデュッセイア』の登場人物）

私が子どもの頃、友達を自宅に招くのは呼吸をするくらい自然なことだと考える知人がいました。その家の三男坊が私の大親友で、私はあたりまえのように居着いていました。私はその家で育ったも同然だったのです。

奥さんのジョヴァンナ夫人は、知り合いが来ると私のことを「うちの四番目の子どもよ」と紹介していたものでした。夫婦が私に、歓迎されていないかのような気分を味わわせたことは、一度もありませんでした。

彼らは私に「ここにいていいんだ」と思わせ、大事にされていると実感させてくれました。私が必要としていた自尊心というものを与えてくれました。あのときの効果が、何十年も経った今でも、私を支えていると断言できます。

「客をもてなすというのは、その客の幸せを左右する責任をもつこと」

——ジャン・アンテルム・ブリア＝サヴァラン（『美味礼讃』著者）

あなたもお客を迎えるときは、最高に楽しく居心地のいい時間を過ごしてもらえるようにベストを尽くしてください。些細なことで差が出るものです。

たとえば「コーヒーかお茶はいかがですか？」と言った場合、客人はあなたに手間をかけさせたくないと考えて、辞退するかもしれません。「コーヒーかお茶を淹れますが、ご一緒にいかがですか？」という言い方にすれば、客人は好意に甘えやすくなります。

同様に、軽食をつまむなら「何が食べたいですか？」とは聞かず、ただ食べ物を出して手の届く場所に置きましょう。食べるかどうかは好きに決められるようにするのです。

お客に何らかの貢献を求めてはいけません。相手が医者だからといって、病気の診察を頼むのはやめましょう。プロとしての知恵を借りたいのなら、日を改めて彼らの職場で会うべきです。

また、本人が希望していない限り、そして、ほかの客もよろこぶと思える場合でない限り、楽器や歌などの披露を乞うのは得策ではありません。

ディナーに招かれたお客には、食事の前にもあとにも、台所で手伝いをする義務はありません。客人が手伝いを申し出て、あなたもそれをうれしく思うなら、お礼を言って手伝ってもらえばいいのです。

長期のお客を歓迎するには

一週間以上泊まるなら、話は別です。その場合は、いくらかのお手伝いを期待するのが筋というものでしょう。上品な生活を提唱する上品な本を書いたドワイト・キュリーは、もてなしに関するゆかいなエピソードを紹介しています。

数年前のこと、私は週末に友人の家に泊まりに行った。

友人がドアのところでこう言った。
「よく来てくれた！　自分の家だと思ってくれ」
私はお礼を述べ、くつろがせてもらうつもりだと言った。
友人がさらに「おれの家はおまえの家だからな！」と言い、
私はお礼を述べた。
「おれのキッチンはおまえのキッチンだからな！」と友人は続けた。
私が返事をする前に、さらにこう付け足した。
「おれが利用する食料品店は、おまえが利用する食料品店だ。
おれのコンロはおまえのコンロだ。
おれの食器洗浄機はおまえの食器洗浄機だ」
そこまで言うと、友人はにやっと笑い「意味はわかるな？」と訊ねた。
私は首を縦に振った。

ユーモアを持って「自分のことは自分でやれよ、手伝いもしろよ」と言われたのは、客として目からうろこが落ちるような体験だった、とキュリーは語っています。そして、本当に自宅にいるようにくつろぐことができたそうです。

もちろん、キュリーの友人のいたずらっぽい態度は、万人向きではありません。ここで言いたいのは、ちょっとした家事の手伝いを頼めば、客人は「家主の負担になっている」と感じなくなり、もてなしをより楽しめるようになる、ということです。

長期のお客に対しても、一緒に過ごせてうれしいと思っていることが、きちんと伝わるようにしましょう。かといって、過剰に構いすぎてもいけません。

配慮あるもてなしをするためには、客人のためだけではなく、自分も楽しむために計画を立てることです。数週間前から行きたかった展覧会があるのなら、ぜひ一緒に行きましょう。予定を詰め込みすぎると、あなたも客人もストレスがたまり、疲れてしまうかもしれません。予定を入れる日と入れない日を、交互に作ればいいでしょう。

お客も、他人の家にいるとはいっても、自分の時間は自分で管理できる状態でなくてはなりません。先に挙げた展覧会の例では、こんなふうに誘ってみてはどうでしょうか。

「明日、美術館に行かない？　もしひとりで出かけたかったら、そうしてね」

同様に、やりたいことがあるのなら、気兼ねなく自分の時間を主張しましょう。

「明日はひとりで過ごしてもらってもいい？　やることがあるの」

また、ときにはもてなし役をひとやすみして、ひとりで充電したいと感じることもあるでしょう。その場合、緊急の際にはかならず客人からの連絡を受けられるようにしたうえで、プライベートな時間を過ごすとはっきり伝えてください。

もてなし役のいちばんの目的は、客人に対する理解を深め、絆を強めることです。そのためには、互いの意見をきちんと話し、きちんと聞けばいいのです。

ルール20

配慮ができる客になる

「招かれざる客がいちばん歓迎されるのは、帰るときだ」
――ベッドフォード公爵（シェイクスピアの戯曲『ヘンリー六世』の登場人物）

メールと携帯電話が普及した現代では、予告もなく友人の家を訪れる行為は、もはや許されるものではなくなりました。

ディナーやパーティでは、開始と終了の時間には特に注意してください。ながながと居座ってはいけませんが、あまりにそそくさと立ち去るのも好ましくありません。常識をはたらかせ、主催者のサインに注意するようにしましょう。

誘われていない人を勝手に伴って行くのは、よい客のすることではありません。自分と配偶者や、自分と友人が誘われたのなら、それはそのふたりが招かれたのです。たまたま遠方から来ていた友人を伴うのがあなたにとって都合よかったとしても、連れて行ってはいけません。

また、招かれていない子どもを連れて行くのもいけません。パーティに子どもを参加させるかどうかを決めるのは主催者の権利です。お誘いの言葉に特に言及がなかったとしたら、子どもは招かれていないと考えるのが妥当でしょう。

ペットも歓迎されると決めつけるのはご法度です。第一に、アレルギーのある人がいるかもしれませんし、ペットが家に傷などをつけるかもしれません。

招待を強要するのもいけません。「いつか、うちのボートに乗りに来るといいよ」と言われたからといって、ただちに日程を提案するのは拙速というものです。

友人宅に二週間泊まっていいと誘われたなら、滞在は二週間にとどめ、友人の場所と時間を尊重しましょう。ジェーン・オースティンの小説に出てくるこんな表現を肝に銘じておいてください。

「楽しい訪問だった。短かすぎる滞在だからこそ完璧だった」

配慮ができる客となるために、当然心得ておくべきマナーがあります。


まず、家は禁煙と考えること。

荷物や服を散らかさないこと。

部屋の家具を動かさないこと。

毎朝自分でベッドを整えること。

共有の洗面所を長時間にわたって使わないこと。

洗面所は、つねにきれいに清潔に使うこと。


基本的には「他人のスペースをできる限り乱さない」という原則を守るべきです。起床と就寝はその家の習慣に合わせること。家の中をうろうろするのも控えましょう。

電話は、自分の携帯電話を使いましょう。着信音が鳴り響いて、その家の平穏を乱すことにならないよう、気をつけてください。

また、外出の際は予定を知らせ、連絡できる電話番号を知らせておきましょう。「七時に戻ります」と言って出たのなら七時に戻ること。遅くなるようなら電話をすること。

滞在を終えて出発するときは、たとえ期待したほど居心地のいい滞在ではなかったとしても、もてなし役の気づかいに感謝を示してください。心からお礼を言い、家に着いてからもお礼状を送りましょう。不便なことがあったとしても、その点にふれてはいけません。

第三者に話すときは、家主について好意的に、よかったことに焦点を置くようにしてください。招いた人に恥をかかせるようなことを暴露してはいけません。

ホテルに泊まるときも同じです。最近のホテルは、部屋をへだてる壁が薄く、音がつつぬけになる場合が少なくありません。気をつけましょう。

私は二、三年前、妻とともにホテルに宿泊して、かなり早朝に目覚めてしまったことがあります。とりあえずシャワーを浴びようとしたのですが、妻がある点を指摘しました。前日の夜、バスルームの水音がほかの部屋まではっきり伝わることに気づいていたのです。

動き出すのは、あと一時間くらい経ってからにしませんか、と妻は言いました。隣室の人のために、と。いい考えです。私は、自分で気づくべきだった、と思いました。

宿泊する部屋は、ホテルのスタッフが管理している場所だということを、忘れないでください。

部屋を出る前には、ゴミはゴミ箱に入れたか、下着を床に放り出していないか、トイレは流してあるか、バスルームの床が水びたしになっていないか――などを確認してください。清掃スタッフは、こうした部分をチェックして、あなたの配慮に感謝することでしょう。

ルール21

お願いするのは、もう一度考え直してから

私はいつも、「お願い」について相反する感情を抱いています。

私たちは、日々の生活において、お互いに助け合うために頼みごとをします。けれど、お願いは、しばしば強制となりますし、不公平な特権を要求することになりかねません。

また、人に何かを頼むと借りを作ることになります。だからこそ、人に頼みごとをする前にはよくよく考えるべきなのです。

他人の好意にすがってはいけない、と言いたいのではありません。まずは自分で自分の問題を解決しようと試みるべきだ、と言いたいのです。

好意に甘えることに慣れてしまうと、別の選択肢を探すのを忘れてしまいがちです。自分で努力したほうが長期的には満足も大きいということも、忘れてしまうのです。

お願いには二種類のタイプがあります。

ひとつ目のタイプは、単純に何かを求め、それを与えてもらうこと。

例を挙げましょう。私は妻と一緒に、芝生に出した椅子で読書をしていました。妻が立ち上がり、台所に向かおうとしたので、私はアイスティのおかわりをもってきてほしいと頼みました。

単純なことです。このやりとりでは、私たちふたりにしか影響はおよびません。もしかしたら妻はちょっとした命令と受けとるかもしれませんし、私も感謝の義務を負ったと感じるかもしれませんが、せいぜいその程度のことです。

ふたつ目のタイプは、結果が他人にも影響するお願いです。

妻が今から、彼女の職場である図書館に車で向かうところだとしましょう。家を出るときに私が妻を呼び止めます。そして、よく考えもせずに、私が週末の仕事で必要とする雑誌の最新号を持ち帰ってくれないか、と頼んだとします。

表面的には、アイスティを頼むのと大差ないように見えます。しかし、雑誌の最新号は図書館内の閲覧に限られ、館外貸出をしないことを、私たち両方が知っているのです。

週末のあいだ手元に置いてしまえば、図書館を訪れた人が読めなくなってしまいます。妻は私の頼みに応じるべきでしょうか？　もちろん答えはＮＯです。私が図書館に行って、そこで閲覧すればいいのです。

内容に分別があれば、ひとつ目のタイプは何も悪くありません。ただし、どちらかがつねに頼むほうで、どちらかがつねに与えるほうになってしまうと、バランスは崩壊します。**公平であることがきわめて重要**なのです。

ふたつ目のタイプの頼みごとをする場合、自分が求めている好意で、どこかの誰かに迷惑がかかる可能性を忘れないでください。こちらが得をすれば、誰かが不利をこうむることもあるのです。

アーノルドという男性のふたりの子どもが風邪をひき、学校を休んだとします。アーノルドにはベビーシッターを呼ぶか、自分が仕事を休んで世話をするか、という選択肢がありました。

ところが彼は上司に、子どもを連れて出社させてほしいと頼みました。アーノルドは子どもをあやしながら仕事をこなそうと精一杯努めましたが、やはり無理というものです。そして、子どもらを抱えて早退することになったのでした。

思い出してください、アーノルドには、強引でもなければ他人の邪魔にもならない選択肢が、少なくともふたつありました。けれど彼は、思慮をもって社会人らしく行動するのではなく、楽な道を選びました。

しかも、あとから考えれば、それは決して楽な道ではなかったのです。効率よく仕事ができませんでしたし、職場の仲間にも負担をかけました。ちゃんと世話されるべきだった子どもたちにとっても、不当な扱いでした。

仮に、アーノルドが職場に電話して事情を説明したときに、上司が「お子さんを連れて出社したらどうだ？」と言ってくれたとします。上司の好意に次のように言うのは、むずかしいことかもしれません。

「ご親切にありがとうございます。でも、それはやめておいたほうがよさそうです。別の方法を見つけますので、一時間ほど遅刻させてください」

でも、ささやかな危機に対処するにあたっては、この台詞のほうがはるかに印象的です。

頼みごとの相手が友人だったら、どうでしょうか。友人なら、頼みごとを引き受けるのが、友情の証と言えるのではないでしょうか。

私は、友情をそんなふうに考えたことは一度もありません。頼みごとを聞いてくれるという期待のうえに築かれる友情など、真の友情ではありません。

まずは自分で問題解決を試み、最後の手段として他人に頼るという原則は、相手が友人であっても有効です。そのときには、それなりの理由があって力を借りたいのだということを、きちんと示せなければなりません。

友情の話となっても、人としての根本的なルールは変わりません。**立場が逆だったらしてあげたいと思えないことを、他人にしてほしいと求めていい理由などどこにもない**のです。友情にかこつけて、不道徳なことや非合法なことを頼むとしたら、友情はすでに終わっています。

もう一度自分に問い直すべきこと

・本当に人に頼む必要があるだろうか。安易に解決しようとしているのではないだろうか
・道徳に反していないだろうか
・もし私だったら、よろこんでこの頼みに応じるだろうか
・このお願いで、誰かが不利な立場になったり、傷ついたりしないだろうか
・この人に借りを作っても抵抗を感じないだろうか
・願いを聞いてもらったら、今後、相手との関係にどんな影響があるだろうか。反対に断られたら、どんな影響があるだろうか

最後の質問は、特にお金の貸し借りをする場合には重要です。そうした助け合いで友情が深まることもあるでしょうが、取り返しのつかない傷になることもあるはずだからです。

ルール22

無駄な不満を言わない

「暗闇を呪うな、明かりをともせ」

――中国のことわざ

「私は不幸のことは考えません。
たしかに残る美しさのことを考えるのです」

――アンネ・フランク

このルールが言っているのは、理にかなった抗議のことではありません。
無作法で無能なお店の店員、とげとげしいタクシーの運転手、乱暴な子ども、あつかましい同僚、不条理な上司、傲慢な公共機関の担当者、うるさい近隣住民――こういった人物に対して、不満を礼儀正しく伝えるのはまちがったことではありません。

トラブルに対処するのは、自尊心を守るためだけでなく、この先に誰かが同じトラブルに遭うのを防ぐことにもつながるからです。

また、このルールは、心の傷を癒やすために、悩みや不満を吐き出すことについて言っているのでもありません。

私がこの章で指摘したいのは、「人生は不公平だ」という気持ちで、意味もなくくどくどと何度も繰り返されるような無駄な不満のことです。

無駄な不満が問題である理由を、具体的に考えてみましょう。

まず、解決策ではなく**問題に意識を集中させていると、人生を悲観的にとらえる心の持ち方が固まってしまいます。**悲観主義は周囲にも伝染します。それは、泥の中を歩くようなものです。自分だけでなく、聞き手を泥の中に呼び込むことになります。

こんなとき、人は自分にも人生をよい方向に導く力があることを忘れています。世の中には改善すべきものが無数にあり、あなたにできることはたくさんあります。

人生のよろこびと幸せは、自分から自分への贈り物でもあります。考え方と行動を賢く選んでいく結果として、それらが手に入るのです。この地球から不幸を消し去る方法はありませんが、不幸の中に残る美しさに意識を向けることは可能です。まずは、非生産的な不満をやめることから始めるのです。

あなたは何についてグチを言っているのでしょうか。最初は自分で、次に誰か親しい人の手を借りて、ひんぱんに言っている不満を特定してみましょう。

仕事でじゅうぶんに評価されていないこと？
収入が少ないこと？
通勤がつらいこと？
一向にすっきりしない天気のこと？
小売店のサービス低下のこと？
環境破壊のこと？
若者が自己中心的であること？
年をとっていく悲しみのこと？
自分のための時間がとれないこと？

よく言ってしまう不満を並べられたら、その中からひとつ選んで「今月のグチ撲滅プロジェクト」の対象としましょう。一カ月間、自分の発言をよく観察して、グチを言いたい気持ちが出てきたら、意識してストップします。

頭の中から考えを追い出そう、というわけではありません。その問題を解決するために自分には何ができるか、という**問題解決へと焦点を移す**のです。翌月はまた別のテーマに取り組み、列挙したリストの項目を網羅するまで続けます。

不満を言うのは、自分の人生に対するもどかしさを、他人に投影している場合もあるのです。「あの人が私にこんなことをした」と言うことで、自分の弱さやあやまちと向き合わずにすまそうとします。でも、それでは人生を改善するチャンスを逃してしまいます。

レストランでサービスが気に入らないのは、きちんとした食生活ができない自分への不満があるのかもしれません。

わが子の担任教師を痛烈に批判するのは、子育てを他人の手にゆだねていることへの不安があるからかもしれません。

この世界について不満を言うのは、自分自身を好きになれないからかもしれません。こうした単純な心理的転移のメカニズムに気づくことができれば、不満を制御するのもずっとかんたんになるはずです。

「どうかおだやかさを保っていただきたい。
同居する者たちが平和で心地よい思索にふける朝を、
悪意や不平不満で汚さないでいただきたい」

——ラルフ・ウォルドー・エマソン（哲学者）

私はおりにふれ、このエマソンの言葉を思い出します。私も、誰かの平和な朝を不平不満で汚さないようにすることは、とても大事だと思います。
ただでさえ平和とは言えない時代に、さらに不満を付け足すような真似はしたくないものです。それよりも、元気を出す理由を一緒に探してみましょう。つねによい点を探そうとするあなたを、誰も非難できなくなります。

優秀なサービスと、礼節のある職場

質の悪いサービスに苦情が寄せられるのは、かならずしも最悪の事態ではありません。苦情が減る、あるいは苦情がなくなることのほうが不吉な前触れです。不満を訴えることをやめ、改善を求めるのをあきらめたという意味かもしれないからです。

優れたサービスを生むために必要なのは、優れた対人スキルと職業倫理、そして綿密な研修です。この三つに、私は「礼節ある職場」を加えたいと思います。

お客の体験は従業員の体験とつながっています。つまり、サービスの質は、そのサービスを提供する側の人生のクオリティと結びついているのです。

従業員にストレスが多かったり、職場でいやがらせを受けていたり、仕事に見合った給料が支払われていなければ、よいサービスは提供できません。礼儀正しい職場とは平和な職場であり、生産的な職場です。その結果として、優れたサービスを提供できるのです。

合理的な量の仕事なので、一〇〇％のエネルギーと根気強さを発揮できる。
正当な業務範囲の中で適切な指示を受けている。
何かにおびやかされて身を守る必要性を感じず、協力し合って働けている。

こうしたことが職場で実現していれば、顧客体験にもプラスの影響がおよびます。ですから、ストレス要因が多い現代社会において、**礼節ある職場作りを推進するというのは、企業目標のひとつとなりつつある**のです。

働く者の人生のクオリティが改善するのですから、礼節ある職場が従業員にとってよろこばしいものであるのはまちがいありません。さらに、幸せな気持ちで安心して働く従業員によってサービスの質が向上するのですから、お客にとっても、企業にとってもよろこばしいことなのです。

礼節ある職場は、あくまで従業員それぞれの努力を通じて、実現し維持されます。職場環境は企業の責任だからといって、個人の責任が消えるわけではないのです。

礼節ある職場ができあがるのを、ただ待つわけにはいきません。礼節がもたらすメリットがわかるならば、自分から進んで努力していくべきなのです。

ルール23

前向きに批判し、受け入れる

「批判をする人は、無償で私たちの魂を守ってくれているのです」

――コーリー・テン・ブーム（ホロコースト生存者）

批判は生半可な仕事ではありません。ときには重大な責任を伴います。自分は相手を侮辱し、操り、復讐したいのではないか、それとも相手の助けになろうとしているのか、口を開く前に胸に問いかけてみてください。

自分が興奮しているとしたら、少し待つべきではないでしょうか。相手は今どんな心理状態でいるでしょうか。この問題を知るべきでない人が同席していないでしょうか。そこまで考えたうえで、この話題にふれていいかどうか、相手の許可を得てください。「あなたのしたことを考えていたんです。私の意見を話してもいいでしょうか」

もちろん、せっぱつまった危険な状況では、ためらわずに口を開くべきです。たとえば、車でパーティに来て大酒を飲んでいる人に注意する場合です。本人のためだけでなく、飲酒運転の被害に遭うかもしれない人に成り代わって、すぐに注意しなければなりません。

「誰かに忠告や叱責を与えるならば、検討しなければならない点がある。
公衆の面前でするべきか、プライバシーを守ってするべきか。
今するべきか、あとにするべきか。
どんな言葉で言うべきか。
感情的にならず、やさしく温厚に言おうとしているか」

——ジョージ・ワシントン（アメリカ合衆国初代大統領）

建設的で効果的な批判をするためには、次に挙げる点に気をつけてください。

・人を攻撃するのではなく、問題点を具体的に指摘する
○「もっと正確な売上予想データを、みんな期待していたのではないかな」
×「準備もしないで会議に出るなんて、ばかじゃないのか」

・批判の前に肯定的なコメントを入れられるかどうかを考える。ただし、相手の長所をほめる場合は「上から目線」に聞こえないよう注意する

・相手の気持ちを理解していることを示す
「私も、一度ならず同じ体験をしているよ。自社商品はいいものだと確信していると、ほかの人もそれがわかるはずだと思ってしまうものだ」

・解決策を提案する。または、解決策を見つけようと申し出る
「わが社の商品をアピールする方法を、一緒に考えようじゃないか」

・やりとりのあいだは、おだやかに、やさしく、共感をもって接する

・最後に、肯定的な言葉を付け足すのを忘れずに
「これで世界の終わりというわけじゃない。対処が必要なだけだ」

建設的に批判を受けるために

すべての批判が良質というわけではありません。けれど、ほとんどの批判には、何かしら真剣に受けとめるべき部分があります。現実的に考えられるだけの自尊心があれば、批判やアドバイスを活かした改善もできるのではないでしょうか。

「反論されるとかならず迫害されたと思い込むような、
低俗なあやまちに陥らずにいられますように」

——ラルフ・ウォルドー・エマソン（哲学者）

批判は自分のことではなく、誰か他人の話のように聞きましょう。これは、批判を受

けとめるにあたって、大切な第一歩です。

そのうえで「この批判はもっともだろうか？」と考えて、思い当たるところがあるのなら、それを素直に認めればよいのです。ただシンプルに「あなたが正しいようです」と言い、どう改善できるか考えてみてください。そんな気になれないなら、答えは先延ばしにしても問題ありません。その場合は、こんなふうに言ってみましょう。

「正直に言ってくださってありがとうございました。もう少し、自分の頭を整理する時間が必要なんです」

反対に、批判の内容が明らかに的外れだと思えた場合は、おだやかに、断固として告げましょう。

「それには賛成できません」

「私は、あなたが言うような人物ではないと思います」

ただし、反撃してはいけません。**たとえ相手が卑怯で、明らかに敵意があると感じたとしても、攻撃するのではなく主張してください。**

批判は、あなたの役に立とうという親切な気持ちで発せられるものばかりではありません。それでも、批判を役立てるかどうかは自分しだいなのです。私の体験を紹介しましょう。

子どもの頃の私は成績がよく、ちょっとした話題になっていたときがありました。私は関心と称賛を向けられて恥ずかしかったのですが、誇らしくも思っていました。

そんなある日、友人のひとりがトゲのある口調でこう言ったのです。

「みんながおまえの成績のことばっかり話すのは、もううんざりだ」

彼の爆発には一理ある、と思いました。たしかに、もううんざりする状態になっていたのです。どうすればその非難を受けずにすんだのか、その方法はわかりませんでしたが、彼の批判からは学ぶべき点があると感じました。

よいこと（ここでは、私のよい成績）も、注意深く扱わないと、かんたんに不利益に変わります。逆境だけでなく、好調なときにも、優れた舵取りが必要なのです。

友人の批判のおかげで得られたシンプルな、しかし貴重な気づきは、あれから何年も経った今でも、私の行動の規範になっています。

自分の力では学べないこと、学ぼうとしないことを、批判は教えてくれるのです。

ルール 24

環境に配慮し、動物にやさしくする

「現代の人間は、犬を家族とみなしている。しっぽをもたぬ主人のあらゆる権利を犬にも与えている」

——ティモシー・イーガン（作家）

環境に配慮することについて

礼節は衰退する一方なのでしょうか。

たしかに、バスの中で席を立たない若者の数は増えているかもしれませんが、一方で、人種的マイノリティに誠実な敬意をもって接する人間の数は増えています。昔ながらの礼節については話題になりやすいのですが、新たな礼節は無視されやすいのです。

私が言いたいのは、**礼節はすべての方面で衰退しているわけではない**、という点です。それを見逃してほしくありません。

特にすばらしい例は、さまざまな社会階層の多数の人が、環境問題に対しておどろくほど真剣に取り組むようになったことです。

人間と自然の関係には、はるか昔から、「恐怖」という要素が介在してきました。自然は危険なので、私たちは自然から身を守らなければならないのだ、と。

過去数十年のあいだに、この古くからの不安感は、かなりの範囲で新しい不安へと変わりました。今では、こう考えられています——自然は危険な状態にある、私たちは人間から自然を守らなければならない、と。

自然に対して畏怖を感じる心が失われたわけではありません。しかし、昔とくらべれば、私たちが災害を制御する力は高まっています。

一方で、自然が人間の脅威になるよりも、人間が自然の脅威になることが多くなりました。わずか二、三世代前までは、自然を征服することが人間の進歩だと語られていましたが、今は自然を救うことこそが、進歩だと考えられるようになってきています。

「私たちは、先祖から地球を受け継いでいるのではない。
子孫から借りているのだ」

――ネイティブアメリカンの言い伝え

二十世紀の最後の三十年間で、環境保護は、社会学者のアミタイ・エツィオーニいわく「共有する中心価値《コアバリュー》」になりました。西欧社会でも、西欧以外の多くの国でも同じです。環境を守るというのは、いわば現代の戒律なのです。

こうした意識の高まりの中では、傷ついた地球の健康を考えずに礼節ある人間となることはできません。

具体的な取り組みは、人によって異なります。環境保護こそ生きる目的と考えて、徹底的に追求していく人もいるでしょうが、多くの人にとっては「生きるうえで真剣に考えるべきこと」のひとつでしょう。

環境のためにおぼえておくべき最低限の責任について、次に挙げてみます。

・ゴミを散らかさない
・環境に害をなすとわかっている商品は使わない
・リサイクルをする。リサイクル素材で作られた商品を買う
・節水、節電を心がける
・燃料の節約を心がける――自動車を購入する際は、燃費を考えましょう。徒歩や自転車でも大丈夫なら、できるだけ車に乗らないようにします
・代替エネルギーを活用する

動物にやさしくすることについて

「問うべきは『動物には理性があるか？』でもなければ
『動物は話せるか？』でもない。
『動物が苦しむのではないか？』だ」

——ジェレミー・ベンサム（哲学者）

現代人は過去の世代より動物に対してやさしくなっている、私はそう思います。人間はほかの種より優勢な生きものと考えるべきではない、という主張も増えましたし、「動物にも権利がある」という考えも広がりました。

私の父は獣医でした。子どもの頃は、よく父と一緒に、ブタやウシやニワトリといった仲間たちと午後を過ごしたものでした。黒白の子牛のざらざらした額をなでては、感動を味わったことをおぼえています。

年齢を重ねるにつれ、動物との出会いをよろこびと感じる心が育っていきました。人生が苦しいときにも、動物は私を支えてくれます。私をおどろかせ、心を癒やし、魅了してくれます。仲間であり癒やしの存在である動物を、かけがえのない恩寵と感じるのは、私だけではありません。何百万もの人々が同じように思っています。人間は礼を知る生きものとして、その恩寵に報いることができるはずです。

・動物に残酷なことをしない。尊重し、愛情をもって接する

・年中無休で世話をする覚悟がないのなら、飼わない――もらい手のない健康な犬や猫が、毎年何百万匹も安楽死させられています

・よく考えずに動物を贈らない、受けとらない――クリスマスプレゼントの子猫や子犬は、夏頃には厄介な重荷に変わるかもしれません

・ペットを「捨てる」という選択肢は存在しない

・動物の安全を守る――有毒な化学薬品や植物にふれないように。どうしても車の中で待たせなければならないなら、窓を少し開けたうえで、数分だけにしてください。気温が二十四度以上なら、車内に放置してはいけません

・他人のペットにもやさしく接する――自分のペットが、ほかのペットに神経をとがらせていたら、綱を短くして引き寄せ、相手の飼い主に知らせてください。法律で必要な場合だけでなく、そのほうが安全だと思う場合は、口輪をはめましょう

動物に対する接し方は、人の資質を計るものさしになります。礼節のレッスンの一部として、そのことをぜひ次の世代に伝えていきたいと思っています。

ルール25

人のせいにしない

責任をまぬがれようとして誰か別の人（たいていの場合は悪くない人）を非難する、そんな場面に出くわした経験は誰にでもあるのではないでしょうか。

こうした状況では、責任がぼかされますし、フェアでもありません。次に挙げる四つのシナリオから、よくある無作法な行動の例と、改善案について考えてみましょう。

【シナリオ1　書店のお客と店員との会話】

お客：この本を、書籍料金で航空便で発送してほしいのですが。

店員：航空便？　取り扱ったことがないですね。

お客：それは、書籍料金の航空便というサービスはないということですか？

店員：いえ、やったことがないんですよ。書籍はいつも船便なので。

お客：でも、書籍料金で航空便で送るサービスはあるんですよね？
店員：誰も利用しませんよ。料金もわかりませんし。
お客：調べてもらえませんか？
店員：どうしてもと言うのならやりますけど、いつもはやらないんですよ。

店員は大きなため息をついて、隣の窓口の同僚に聞きに行きました。お客は、自分は何か悪いことをしたのだろうか、と戸惑いますが、そんなわけはないと思い直します。

書籍料金で航空便を利用するサービスは、たしかに存在するのです。それなのに、自分の依頼のほうがまちがっているような気にさせられたのは、店員のプロ意識が欠如しているせいでした。お客は店員が戻ってくるのを待ちながら、「礼節あるやりとりをしていたとしたら、こんなふうだったのではないか」と想像しました。

お客：この本を、書籍料金で航空便で発送してほしいのですが。
店員：申し訳ありませんが、少しだけお時間を頂戴できますか？　調べてまいります。

【シナリオ2　最近結婚式を挙げた女性と、フラワーショップの店員との電話】

女性：花嫁のブーケの代金七十五ドルの請求が届いたんですが。ブーケはその他の花と一括料金で含まれていたでしょう？　それはもう払いましたよ。

店員：あのブーケは百ドル相当の花でお作りしたんですよ。特別価格だったんですから。

女性：でも、他の料金と一緒に一括で払ったんです。

店員：今説明しましたよね。あれは特別料金だったんです。あのブーケはそんな安くないんですよ。

花嫁の女性はブーケの二重請求を受けました。フラワーショップに責任があるのですが、店員は、話をディスカウントのことに持っていこうとしているのです。店員の言葉と口調は、こんなふうに語っています。

「あなたは、特別料金をぜんぜん感謝していないんですね」

女性は自分が正しいとわかっていましたし、店員が問題の焦点をずらしたことで、腹を立てました。望んでいたのは、こんなシンプルな応答だったのです。

「二通目の請求を送ってしまったのは手ちがいでした、申し訳ありませんでした」

【シナリオ3　食料品店にて、ふたりの買い物客の会話】

客A：ちょっと、押すことはないでしょう。邪魔なら、そう言ってくれればどきますよ。
客B：そこにいるのが見えなかったんですよ。
客A：見えてなかったのに押しのけたって言うんですか？
客B：まったく、何をいらいらしてるのよ、この人は！

いったい何が起きたのでしょうか？　買い物客Bは、買い物客Aに対し失礼な接し方をしておきながら、非を認めませんでした。買い物客Aが、その薄弱な言い訳をなじると、いらいらしているのが悪いと逆ギレしたのです。

「ごめんなさい」というシンプルで謙虚なひとことがあれば、買い物客Aの気持ちはおさまったのに、その言葉は出てこなかったのです。

【シナリオ4　パーティのホストと招待客の会話】

ホスト：ディナーパーティですが、火曜に変更になりました。水曜ではなくて、火曜の五時頃に来てください。

招待客：申し訳ないが、火曜はほかの予定があるんだ。火曜じゃ行けないよ。
ホスト：一日しかちがわないじゃないですか。なんとかできるでしょう？
招待客：悪いけど、直前になって言われても無理だよ。
ホスト：もうみんなには話したんです。他の人たちはみんな来てくれるんです。
招待客：招待には感謝してる。でも、どうしても行くことはできない。
ホスト：お料理もたくさん用意したんですよ。全部準備できています。なんとか来てください。いったい何の用事があるんです？

この場面で非があるのは、招いた側です。パーティの日付を変更したのは自分なのに、招待客のほうが悪いという気にさせようとしています。まるで招かれた側が問題を起こしているかのような言い分です。

この会話は、もっと礼節をもって交わすことも可能でした。招いた側が礼を守っていれば、相手をコントロールしようとするような物言いにはならなかったはずです。

ホスト：ディナーパーティの予定のことですが、日付を火曜に変更しなければならなくなりました。直前にお知らせすることになり、申し訳ありません。なんとかお越しいただけないでしょうか？　来ていただければ、とてもうれしいです。
招待客：すまないが、火曜はほかの予定が入っているんだよ。水曜ならよかったんだが、火曜はどうしてもだめなんだ。
ホスト：そうですか。残念です。次は、こんなことのないように気をつけます。

礼儀を放棄して得する場合などない

「いつでも礼儀正しくしなければならないのですか？」

「誰かが無礼なことをしてきたら、お返しに無礼にしてもいいですか？」


これは、礼節について講演をするようになってから、ひんぱんに聞かれる質問です。こうした質問を受けると、私はいつもダンテの『神曲』の有名な台詞を思い出します。『神曲』の「地獄篇」第三十三歌にある、「無作法にするのが礼儀だ」という一節です。

ダンテは、氷の地獄コキュトスで永遠の罰を受けている罪人に出くわします。そして、状況を鑑みればこの悪名高き卑怯者の修道士アルベリーゴには失礼な態度をとるのが当然のことだ、と言いました。彼には下品に接するのが正しい選択である、と。

冥府においてダンテがとった言動は理解できるものですが、私たちの日々の生活では、いかなる状況であっても、無作法にするのが適切、または得になる事態があるとは思えません。自尊心と他者への敬意、その両方が備わっていて、冷静さを保つことができれば、無礼を選ぶことなど不可能と言ってもいいはずです。

では、自分が尊敬できない相手や、まちがっている（と思われる）言動の相手に対しては、どう接すればいいでしょうか？

その質問の答えは単純です。相手がどんな人であっても、自分の行動規範や心のルールを見失わないようにしましょう。礼節を守りつつ、信じる道も守ることはできます。

大事なのは「こちらの主張を固持するか、妥協するか」ではなく、「どのように、こちらの態度を示すか」という点です。無礼にならず、冷静な態度で表現すれば、自分を貶めずにすむだけでなく、主張に説得力を持たせることができます。冷静さを欠いては、説得力は生まれません。「過つは人の常」と言いますが、人同士でぶつかるのも人の常です。そんなときに最善の結果を導く方法が、礼節を保ち続けることなのです。

第3章

人はなぜ礼節を見失うのか？

親しみのカルチャーもときと場合をわきまえて

ときは一九七八年、ところはロサンゼルス。若い看護師が手元のクリップボードに目をやって、私に笑顔を見せ、こう言いました。

「ピエールさん、今からドクターが診察します」

私はおどろきながら、看護師に続いて診察室に入りました。この女性はわざと無礼にしているのだろうか、と思いながら。なぜなら、初対面の人からファーストネームで呼ばれたのは、十六歳のときが最後だったからです。

その後、看護師が無礼だったわけではないとわかるようになりました。私にとっては意外だったとはいえ、彼女はアメリカ、特に西海岸ではあたりまえになっている「気さくさ」の基準を守っていたのです。

ヨーロッパでは古い世代を中心として、他人にはフォーマルに呼びかける習慣が、今も広く根づいています。私の父は、義理の弟に「あなた（Lei）」ではなく「きみ（tu）」と呼びかけられるようになるまで十五年かかりました。当初から仲がよかったのに、です。

アメリカ人の気さくさの理由と利点を私が理解したのも、アメリカに住んで何年も経ってからのことです。今では初対面の人にファーストネームで呼んでほしいと言われれば、たいていの場合はそうします。ときには私のほうから、そう頼むこともあるくらいです。

それでもいまだに遠慮しすぎてしまいます。学生には苗字に「ミスター」や「ミス」をつけて呼びかけていますが、同僚の教師はそんな言い方はしません。

しかし、それが文化だからといっても、気さくな呼びかけが不適切な場合もあります。以前、ケーブルテレビの社員が電話をかけてきて、フォルニという私の名前を知っているはずなのに、「やあ、どーも」と言ったことがありました。

私は「『やあ、どーも』というのは何です？」と言わずにいられませんでした。すると今度は、もごもごと「おはようございます、フォルニさん」という言葉が返ってきました。このときは、うれしいおどろきを感じたことをおぼえています。

過度の〝ルール破り称賛〟は考えもの

他者とともに生きていると、自分の欲望を捨てたり、あと回しにしたりしなければならないときはかならずあります。

明文化されているかどうかにかかわらず、行動を制限するルールに従うことは、人生では避けて通れぬ道なのです。

こうした制限があるからこそ、ドラマチックにルールを破るヒーローへの憧れも生まれ、アウトローを賛美するようになります。

歌手のフランク・シナトラは「マイ・ウェイ」で「信じた道を歩いてきた」と歌い喝采を浴びました。

おびただしい雑誌やコマーシャルが、スポーツ用品やスポーツカーのブランドを反抗の象徴とうたって、「ルールを打ち破れ」と呼びかけています。

西欧社会においては、現状を打破することが、やたらと称賛されるのです。

しかし、ファンタジーの世界とはちがって、現実の世界でルールを破れば、現実の人々に現実的な影響がおよびます。生徒の暴力が爆発し、荒廃してしまった学校がアメリカにはどれほど多いことか、考えてみてください。

社会の通念からはずれた行動が、かならず破壊的でまちがっていると言いたいわけではありません。平凡から脱け出そうとするのは悪いこととは限りませんし、それが必要となる場合もあります。

正義や自尊心が、昔ながらの法律や通念とは一致しない場合もあるでしょう。しかし、それなら新しい常識を作っていかなければなりません。

多くの場合、長い年月を経ても消えなかった礼節のしきたりは、それだけの価値があるものです。それを守ることによって、日々の生活を心地よく、健全なものにできるのです。

権威の消失が礼節の危機を招く

一九五〇年代から六〇年代初期のアメリカでは、リーダーに対する強い信頼感が残っていましたが、それも今ではすっかり消えてしまいました。

ベトナム戦争、ウォーターゲート事件、クリントン元大統領のスキャンダルなど、さまざまな醜聞が要因で、支配階級に対する不信感と軽蔑が生まれました。さらに、資質に欠けた政治家たちが政治を汚し、権威を地に落としています。

一方で、権威が危機に瀕しているのは、文化的リテラシーが高まった結果でもあります。知性が育てば、人は見解が鋭くなり、批判的になるものだからです。

その結果、政治家、教師、親など、権威とされる立場は、ここ数十年で威光を失いました。彼らは社会性のある行動を促し、伝統的な価値観を守る任務を担っていますが、説得力を失い、支持を受けにくくなりました。礼節の危機は、まちがいなく、こうした権威消失の危機と結びついています。

一九六〇年代や七〇年代には反政府主義的な文化が流行しました。それは今も強く残り、現在の文化の土台となっています。

若者が革命を起こし理想を追い求めた時代に、支配的な価値観に疑問をつきつけたことによって、数多くのよい変化が生まれました。人間には自己評価と自己表現が必要ですし、権力や政治に対して、批判的な目を向ける必要もあります。

社会の片隅で、境遇を改善するチャンスを持たない人のために、政治的エネルギーを向ける必要もたしかにありました。しかし、そうして公平な社会のために努力する中で、私たちは「自分が」「自分が」という考え方をするようになってきてしまったのです。

体制批判の時代に育った人は、行動の制限を嫌い、伝統的しきたりは偽善的で弾圧的なものと考えます。これも、中産階級の力が増したことによる、不幸な副産物です。彼らの嫌悪感は子どもたちにも大きな影響を与えています。

自己評価と自己表現を支持する新しい倫理観が、自律を促す古い倫理観に代わるものとなり、そのせいで、昔から受け継がれてきた礼節は失われつつあるのです。

都市生活の無名性が人間関係を不安定にする

もう一度、この問いに戻りましょう。

どうして人は礼節を忘れてしまうのでしょうか。

現代の都市に生きる人は「無名」の生活をしています。毎日の生活で出会う相手のほとんどは、名前も知らない赤の他人です。

ガソリンを入れるときも、地下鉄のホームを歩いているときも、交差点で信号待ちをしているときも、運転免許更新の窓口で列に並ぶときも、角のコンビニエンスストアでミルクを買うときも、周囲にいるのは他人です。

地域コミュニティとも、あまり深い結びつきを持たないのが普通です。当然、自制心を持って、礼儀正しくしようというモチベーションは、きわめて薄くなってしまいます。

面識がある人に囲まれているから、という理由で、礼節ある暮らしができた時代は、はるか彼方へと過ぎ去りました。今の私たちは他人の中に埋もれて生活し、無作法にふるまっても、誰にもウワサされることもなく、別に気にすることではない、と思っています。地域コミュニティがしっかり機能していれば恥という罰を受けるのですが、現代の多くの都市生活者にとっては、そんなものは無縁というわけです。

運転手Aが運転手Bの車の前に、強引な割り込みをしたとしましょう。運転手Bは下品な仕草で抗議しました。両方とも、いらだちとおどしの意味をこめて、クラクションを鳴り響かせ始めます——誰でも似たような事態を目撃したことがあるのではないでしょうか。

同じシチュエーションでも、ふたりが顔見知りだったらどうでしょうか。クラクションを鳴らそうとして、顔見知りであることに気づいたら、その場の雰囲気は変化するはずです。

すぐに冷静になって、一件を水に流すという共通の目標に向けて努力することになります。笑顔で競って道を譲りあい、思いつく限りの方法で礼儀正しくすることでしょう。

後者のシナリオでは、いったい何が爆発を防いだのでしょうか。それは、状況を不安定にしていた「お互い無名である」という要素が取り除かれたことです。火花を散らしていたふたりは、一瞬にして無名の者同士から知り合い同士となりました。たったそれだけのことで、礼節のルールが立て直され、安全な解決方法を選ぶことができるのです。

平等社会と礼節軽視のつながり

ハーバード大学の精神分析医エドワード・M・ハロウェルは、「人はなぜ礼節を失うのか？」という問いに対し「あまりにも忙しく、ゴールに向かって集中している」からだと答えました。

目標に向けて走っている最中なので、礼儀正しくするためにスピードを落とすことはできず、それゆえに礼節は失われるというのです。

ハロウェル博士の答えはさらなる質問を生みます。

「それならなぜ、人は忙しく、ゴールに集中しているのか？」という質問です。

過酷な労働環境の中で生活費を稼がなければならないから、というのが理由のひとつでしょう。しかし、それだけではありません。

誰もが無名で平等な現代社会では、私たちは日々なんとか自分の足跡を残してアイデンティティを確立しようと、やっきにならざるを得ません。

かつての階級社会においては、所属する家柄や社会階級によってアイデンティティが形成されました。また、こうした時代には、社会的地位のはしごを上がる機会はないも同然で、成功するためにがんばろうという気にはなれませんでした。アイデンティティは固定であり、変わるものではなかったのです。

現代の私たちは、そうではありません。過去数世紀で人の平等化が進んだ結果、人は自分の実績によって、自分自身の力でアイデンティティを確立する必要が大きくなりました。

「人はみな平等である」という理念は価値観の基盤となりましたが、そう考えながらも、自分だけのアイデンティティを確立すべく、成果への衝動に突き動かされています。平等であることを受け入れつつ、同時に、他人とは異なる存在になりたがっているのです。

それゆえに私たちは先を争って走り続け、「あまりにも忙しく、ゴールに向かって集中」することになります。成果をめざして発奮し、途中をすべてすっ飛ばしていこうとするために、礼節を軽視してしまうのです。

自己実現の時代のメッセージ

A　あなたには、求めることすべてを実現する力がある。
何にでもなれるし、どんなことでもできる。制限はない。

B　人生で大切なのは勝つことだ。勝者こそがヒーローだ。
方法は関係がない。勝者がすべてを得る。


私たちは今、二種類のメッセージに囲まれて生きています。

メッセージAのよさは誰にでもわかります。こう言われれば自尊心が育ちますし、希望を感じ、価値ある目標に向けてがんばっていこうという気になります。

しかし、このメッセージの裏には「成果こそが絶対的な価値である」という信念が隠されています。このメッセージを受け入れると、「目標が大事で人間性はどうでもいい」という信念が育ってしまう危険性があるのです。

また、このメッセージは、自分自身へのあまりにも非現実的な期待を育ててしまうことにもつながります。子どもの頃から「大統領にだってなれるよ」「一流のスポーツ選手になれるよ」と聞かされていると、実際にそれを人生のゴールと信じるようになることもあります。優れた土木業者や看護師になるという選択肢は目に入らなくなり、いずれは失望を爆発させることになるのです。

もちろん、大統領になれる可能性もありますが、同じように、小学校の先生、医者、銀行員、バスの運転手、用務員、中小企業の地域マネージャーになれる可能性もあります。そして、これらは大統領と同じように立派な仕事です。

大切なのは、大統領が自分の仕事で責務を果たすのと同様に、自分の仕事にやりがいを見出し、他人の役に立とうとすることではないでしょうか。そう考えることが礼節の根本でもあります。

メッセージBは、Aよりもさらに危険です。勝つことだけが重要なら、勝利のために他人を叩きつぶすことなど、何とも思わなくなります。負ければすべてを失い、世界は崩壊します。

スポーツの優勝決定戦で、負けたチームのファンがどれほどの破壊や暴力行為に走るか、考えてみてください。敗北がフラストレーションの原因となり、発散するため、自分や他人をひどく傷つけずにはいられないのです。

もし、幼いうちから「勝つことより、どうやってたたかうかのほうが重要なんだよ」「ベストを尽くし、ルールと相手チームを尊重してたたかって初めて〝いい試合をした〟と言えるんだよ」――そう言い聞かせて育てていたら、どうなるでしょうか。

どんな変化が訪れるか、想像してみてください。たとえ試合に負けても、自分の努力に対して満足できる、そんな社会ができていくはずです。

最終的な成果が納得のいくものにならなくても、「心と頭をはたらかせていい試合をした」という事実は、決して他人に奪われることはありません。そうなれば敗北にも耐えられますし、失敗は痛みではなく、学びの機会として受けとめることができます。ある意味では、より大事なものを勝ちとることになるのです。

最終的な得点より、たたかい方のほうが大切だと考えられる力、それが礼節でもあるのです。

本当に礼節は失われつつあるのか？

ここ数年間で、現代という時代を表現する新しい表現がいくつか誕生しました。運転中に激高する人のことを「キレる運転手」と言いますが、「キレる搭乗客」という表現も聞くようになりました。飛行機の搭乗客が乱暴なふるまいをする事件が増えているようです。

ストレスが高じて職場で暴挙に出る「キレる社員」もいます。

「モンスターペアレント」と言えば、子どもの試合を観戦しているときに、審判や、ほかの子どもの親に食ってかかるような親のことです。この問題は深刻で、試合観戦の前に礼儀正しい応援方法のワークショップへの参加を求められることもあるそうです。

エンターテイメントの世界では、がさつで自己中心的で無礼な態度があたりまえのものになりました。一九九〇年代以降、以前なら下品でどぎつくて公共放送には向かないと判断されたシーンが、平気でゴールデンタイムに流されるようになりました。また、多くの一流スポーツ選手が、スポーツマンらしからぬ行動で名を馳せています。それを子どもたちが、学校のバスケットボール場やサッカー場で真似しています。

こうした暗い世相こそが現実なのだ、と考えるのが正しいのかもしれません。たしかに、よくよく考えなければならない現実だと思います。

しかし前にも書いたとおり、礼節という面から見て、かならずしも今が最悪の時代というわけでもないのです。むしろ昔より今のほうがよくなっている場面も多いのです。このことはルール24でも説明しましたが、ここでもう少し補足させてください。

性別、性的な志向性、人種、出身国などにかかわらず、すべての人は価値ある存在である――かつては認められていなかったことですが、現代では、こうした考え方が支持されるようになりました。

以前よりも、自分と異なる人に敵対的な態度をとることも少なくなっています。自分のアイデンティティを手放さずに、同時に他者を受け入れる——私たちはその方法を身につけつつあるのです。

ずっと昔、イタリアの列車で初めて女性の車掌を見かけたとき、不思議に感じたことを今でもおぼえています。しかし今では、そう感じた自分を不思議に感じます。

女性は仕事の世界を手に入れ、能力を発揮しています。そして、女性を同等の存在として扱う男性の数も、一世代前、二世代前とくらべて格段に多くなっていると思います。

若い世代に対する扱いという面でも、現代社会のほうがまちがいなく水準は高くなりました。若者と子どもの成長や健康のために、多くの人材が振り当てられています。結果はまだじゅうぶん満足できるものではないかもしれませんが、その意図は評価に値するものです。

病院においても、過去とはくらべものにならないほど患者に対して敬意が払われるようになりました。医者は患者の意見に耳を傾け、症状や病気の特徴について、多くの情報を説明するように変わってきています。

私が若かった頃のヨーロッパでは、医療関係者はぶっきらぼうで横柄な暴君が多かったのです。そうした医師は絶滅の一途をたどっています。それでも、きちんと説明もせず、患者の意見に耳を貸さず、コスト重視でおざなりの仕事をする医師がいなくなったわけではないのですが……。

よく生きるために、私たちは何をなすべきか

二十世紀末は、礼節が失われていくことへの懸念が大きく高まった時代でした。しかし私は、礼儀に関してこれほど多くの取り組みが行われ、礼節ある社会のための活動が活性化した時代は、ほかになかったのではないかとも思うのです。

近年、社会の低俗化が進んでいる点については否定できませんが、同時に、敬意と節度、配慮とやさしさを日常生活に取り入れようとする努力も、広がってきているのです。このふたつの動きは、当然、無関係ではありません。後者は前者の存在によって引き起こされたものだからです。

礼節への取り組みの熱は高まる一方です。小中学校、高校、大学、会社、病院、法律機関、宗教コミュニティ、地域センターなどで、礼節を促す活動が行われています。

こうした活動の背景には、現代社会の多様化が進むにつれて、礼節の必要性もまた高

まる一方だということがあります。

こんにちでは、つねに世界のどこかに異文化間の紛争の種が転がっています。しかし、礼節の技術を高めれば、紛争の種から芽が出る可能性を減らすことは可能です。多様性を尊重するというのは、礼節ある人間となるための必須条件です。

しかし、次の世代の人々は、こうした倫理的スキルを身につけ、実践していくことができるでしょうか。

現代を生きる私たちは、礼節の欠如という問題が、もはや無視できないレベルに深刻化していることを痛感し始めています。


駐車場で怒りをぶつけ合う。

そこらじゅうで携帯電話を鳴らす。

夜でもステレオの音を響かせる。

インターネット上で匿名で叩き合う。

街中で人種や同性愛に関する悪口雑言を浴びせる。

学校でいじめをエスカレートさせる。

飛行機の機内で周囲に迷惑をかける。
職場でひとりよがりな行動をする。
上司は怒号を上げ、買い物客は押しのけ合い、店員はつっけんどんにふるまう。
キャンプに行けばゴミを散らかす。運転すればクラクションを鳴らしまくる。
放任された子どもが公共の場の静寂を乱す。
配偶者がやつあたりをして家庭にストレスをぶつける。
自分のことだけ考えて友人をないがしろにする……。

無作法が蔓延すれば、人生のクオリティは下がります。今こそ意識を高め、認識を広げて、多くの人が望む変化をもたらすため、一致団結して努力を始めるときなのです。
これからの私たちは、次に挙げる道を探っていくべきではないか、と私は考えています。

・貧しい人、選挙権のない人の生活と収入の状況を改善する

・人生のクオリティ向上に欠かせないツールとして、礼節とマナー教育を見直す
・「無名の社会」の進行を防ぐため、地域社会の人同士がふれあう機会を増やす
・職場をはじめとした、日々の生活のストレスを減らしていく

人生で最も重要なのは他者とのふれあいである、と言い切っても過言ではありません。もしそうならば、ふれあいの質の改善を、最優先事項とするべきではないでしょうか。礼節を守るのは、人と人とのふれあいの質を上げる最も確実な方法です。ふれあいの質が高まれば、人生はうるおいます。とてもシンプルなことなのです。私たちはただ、いったん足を止め、考え、そして行動すればいいだけなのです。早く始めれば、それだけ成果も大きくなるでしょう。

ノンフィクションライターのペギー・テイバー・ミリンは、著書の一冊で、こんな印象的な文章を書いています。

ある雨の日、私は列車に乗っていました。駅に近づき、列車がスピードを落とします。私は、窓にあたる雨粒をなんとなく眺めていました。ふたつの水滴が風に押され、一瞬だけひとつにくっつき、また離れていきます――それぞれ、相手の水滴の一部を含みながら。

ほんの一瞬の接触で、どちらの水滴も、それ以前とはちがう水滴になりました。それぞれ、また別の水滴と接触し、自分の水分だけではなく、先ほどの水滴から移された水分を分け合っていきます――。

この象徴的な光景を見たのは何年も前のことなのですが、人生でいちばんあざやかな記憶のひとつとして、今も心に残っています。

このとき私は、人が人とふれあって何の痕も残さぬことはない、と気づきました。人生のありようは、『どんな人に囲まれて生きているか』という点に左右されます。ですから私たちは、無意識のうちに何を分け合っているか、意識する必要があるのです。そうすれば、自分から進んで分け合って生きていけるようになるからです。

私はこの文章を何度も読み返しているのですが、くっついては離れていく雨粒のイメージは、今でも私の心を魅了してやみません。なんと印象的にありありと、シンプルで大切な真実に目を開かせてくれていることでしょうか。

「人が人とふれあって何の痕も残さぬことはない」

ミリンの言葉は、ひそやかながら断固たるつぶやきとして、私の心の中で響いています。時代を経ても消えることのない、美しいつぶやきです。

人が人とふれあえば、かならず何かの結果が生まれる……。そう意識することが礼節でないとしたら、いったい何が礼節なのでしょう。

お互いの善の部分を意識的に分かち合おうとすることが礼節でないとしたら、何が礼節なのでしょう。

分かち合い、そしてまた分かち合うことで、日々は輝きを増していくのです。

監修者あとがき

本書は２００２年にアメリカで刊行された書籍『Choosing Civility』の日本語翻訳版です。

それに先立ち、１９９７年に著者Ｐ・Ｍ・フォルニ博士が所属する米国の名門大学ジョンズ・ホプキンス大学では、彼のイニシアチブのもと「ジョンズ・ホプキンス・シビリティ・プロジェクト」が設立されました。

彼らの活動は、アメリカ国内はもちろんのこと、海外にも広く影響を与え、さまざまな団体が本書から啓発され、シビリティ（＝礼節、礼儀正しさ）を推進する活動を行っています。

私が所属する世界20カ国以上にわたるイメージコンサルタントの最大組織ＡＩＣＩ国際イメージコンサルタント協会もそのひとつで、フォルニ博士が提唱する３Ｒｓ（Respect＝尊敬、Responsibility＝責任、Restraint＝節度）を柱とした「礼儀正しさを大切にするプロジェクト」をスタートさせました。

現代における礼節を新たに定義する名著

本書がアメリカで出版されてから、「礼節ある生き方」は見直される一方であり、その原典として、本書の重要性もますます高まってきています。

そうした背景から、ぜひ日本にも紹介したいと日本語翻訳版の出版をディスカヴァー・トゥエンティワンにご提案しましたところ、干場弓子社長にすぐさま共感、ご快諾いただき、2011年、日本でCivility＝礼節について語られた初めての本として、出版の運びとなりました。

「礼儀正しくする」のはあたりまえのように見えて、実は最もむずかしいことの代表のようなものですが、あらためてそれを明確に定義し、礼節を身に付けるために必要な技術を具体的に明らかにした名著をご紹介できることはたいへんうれしく、また名誉に思います。

礼節が見直される今、このときに

日本には古くから、思いやり、尊敬、自制、協力、責任、誠実、知恵、調和、美徳といった礼節を重んずる文化がありました。これは、日本人の遺伝子に組み込まれたDNAでもあります。ですから、日本社会においては「礼儀正しさが大切だ」と言っても、今さら珍しい言葉や概念ではありません。

しかし、世界がますます小さくなる中で日本でも、いじめ、虐待、詐欺、不正などモラル無き行動が横行するようになってきています。これは日本人のDNAに刻み込まれていたはずの礼節が失われつつあるきざしでもあり、多くの人々が少なからず「礼儀正しさの大切さ」をあらためて感じているのではないでしょうか。

本書の著者フォルニ博士は、「アメリカ社会は礼節を失った」と語っています。成果や効率優先、金融至上主義、激しい競争による格差社会やスピード社会、人との直接の対峙がネット上にどんどん置き換わっていく孤立社会――こうした社会の変化によるストレスによって、アメリカでも礼節は崩壊してしまったのです。

こうした状況は日本でも同じです。

日本においても、成果を出すためのスキルを中心とした学校教育・企業教育がますます加速し、人間が人間として成長するための情緒や知性、心の教育が、ともすると軽視される傾向にあります。

最近、日本古来より伝わる礼儀作法、茶道、華道、書道といった日本文化や伝統芸能を見直し、教養を重視する動きも盛んになってきていますが、礼節が失われつつあることへの危機感の表れでもあると言えるのではないでしょうか。

戦後最大の惨事2011年3月11日の東日本大震災は、ともすると忘れかけていた「礼儀正しさの大切さ」と「日本人が持つ礼節のDNA」を思い出させるものともなりました。

被害の大きかった東北の方々、そして救助やその後の復旧作業に関わった方々は、日本人が誇るべき礼節の文化を持っていることを世界に示してくださったのだと私は感じています。

震災をきっかけとして、私たち日本人は痛みを共有し、心から助け合い、忍耐し、支え合って絆を深める大切さを再認識させられました。それ以降、私たち日本人の生きる価値観も大きく変わったように思えます。

そうした今、本書は、私たち日本人が人間としての原点に立ち戻り、生きるうえで最も大切なことをもう一度見つめ直し、新たな時代に向かうための勇気と自信を与えてくれる貴重な一冊です。

さらには、世界が抱えるさまざまな問題を、国境を越えて解決するための答えも本書の中にはあるのです。

礼節はビジネスパーソン必須のスキル

礼節は、よりよい社会を作る基盤として見直されてきているわけですが、もうひとつの側面に、グローバル化するビジネス社会においての必須のツールとして注目されているという面があります。

個人の間でも価値観が多様化し、ビジネスが文化の垣根を越えて行われることが当然となった時代には、異なる考え方をもった人同士をつなげるルールが必要です。それこそが礼節でもあると考えられているのです。

つまり「シビリティ＝礼節、礼儀正しさ」を実践することは、ビジネスパーソンにとって、信頼され、相手から選ばれるためのセルフマーケティングであり、自分の価値を高めるセルフブランディングなのです。ビジネスを前進させるプラットホームであり、すべてのビジネスの基盤であると言ってもよいでしょう。

ビジネススキルと言うと、交渉力・戦略的思考・プレゼンテーション・語学力などが注目されますが、それ以上に信頼を獲得できる人としてのあり方を築くこと。これこそがビジネスの武器でもあり、ビジネス最強の戦略になるということでもあるのです。

また、企業にとっては、礼節ある企業文化を作ることは重要なコンセプトですし、究極のブランディングツールともなり得ます。企業価値を高め、企業文化を体現する最も重要なツールとなるのです。

「企業は人なり」と言われるように、経営陣から社員、派遣社員、警備員に至るまで、その会社の人のすべての言動がその企業を表します。実際それらが、まさしく真の企業の姿です。礼節を企業文化とすることは、顧客に心から信頼され、親しまれ、地域社会に受け入れられるための最も重要なファクターであることにまちがいないのです。

この本には、まさに今の時代、私たちの家庭、地域社会など身近な生活から、組織、会社などビジネスの場においてまで、心豊かに、穏やかで幸せな人生を過ごすためのヒントがたくさんあります。本書に触れ、礼節を身に付けることで、あらゆる人間関係が驚くほどスムーズになることに気付かれるでしょう。

手にとっていただいた読者の方が、礼節ある生き方を見直し、仕事も人生も前向きに楽しみながら、自らの成功を手にするために活用していただけたら幸いです。

最後に、この本の出版にあたり多大なご尽力をいただいたディスカヴァー・トゥエンティワン干場弓子社長、翻訳者の上原裕美子さんに、心より感謝を申し上げます。

国際イメージコンサルタント
大森ひとみ

結局うまくいくのは、礼儀正しい人である

発行日　2019年9月30日　第1刷

Author　P.M. フォルニ

Translator　上原裕美子(翻訳協力：(株)トランネット)

Book Designer　カバー：西垂水敦(krran)
本　文：小林祐司

Publication　株式会社ディスカヴァー・トゥエンティワン
〒102-0093　東京都千代田区平河町2-16-1 平河町森タワー 11F
TEL　03-3237-8321(代表) 03-3237-8345(営業)／FAX　03-3237-8323
http://www.d21.co.jp

Publisher　干場弓子
Editor　藤田浩芳　原典宏　渡辺基志

Editorial Group
Staff　千葉正幸　岩﨑麻衣　大竹朝子　大山聡子　木下智尋　谷中卓　林拓馬
堀部直人　松石悠　三谷祐一　安永姫菜　郭迪　連苑如　施華琴

Marketing Group
Staff　清水達也　佐藤昌幸　谷口奈緒美　蛯原昇　青木翔平　伊東佑真　井上竜之介
梅本翔太　小木曽礼丈　小田孝文　小山怜那　川島理　倉田華　越野志絵良
斎藤悠人　榊原僚　佐々木玲奈　佐竹祐哉　佐藤淳基　庄司知世　高橋雛乃
直林実咲　鍋田匠伴　西川なつか　橋本莉奈　廣内悠理　古矢薫　三角真穂
宮田有利子 三輪真也　中澤泰宏

Business Development Group
Staff　飯田智樹　阿奈美佳　伊藤光太郎　志摩晃司　瀧俊樹　林秀樹
早水真吾　牧野類　安永智洋

IT & Logistic Group
Staff　小関勝則　岡本典子　小田木もも　高良彰子　山中麻吏　福田章平

Management Group
Staff　田中亜紀　松原史与志　岡村浩明　井筒浩　奥田千晶　杉田彰子
福永友紀　池田望　石光まゆ子　佐藤サラ圭
Assistant Staff　俵敬子　町田加奈子　丸山香織　井澤徳子　藤井多穂子　藤井かおり
葛目美枝子　伊藤香　鈴木洋子　石橋佐知子　伊藤由美　畑野衣見
宮崎陽子　倉次みのり　川本寛子　王廳

Proofreader　工藤美千代
DTP　株式会社 RUHIA
Printing　大日本印刷株式会社

ISBN978-4-7993-2560-5